AI PR 입문

AI총서

인공지능 시대입니다. 기계가 인간의 인지를 대신하고, 사물이 인간을 통하지 않고 다른 사물과 직접 커뮤니케이션합니다. 이에 따른 인간 삶과 문명 변화를 정확히 이해 · 예측 · 대응하는 것은 이 시대 우리 모두의 과제입니다. AI총서는 인공지능 기술과 환경의 여러 주제를 10가지 키워드로 정리합니다. 관련 개념과 이론, 학계와 산업계의 쟁점, 우리 일상의 변화를 다룹니다. 인간과 기술의 현재, 미래를 세심히 분석합니다.

일러두기

- 인명, 작품명, 저서명, 개념어 등은 한글과 함께 괄호 안에 해당 국가의 원어를 병기했습니다.
- 외래어 표기는 현행 어문규정의 외래어표기법을 따랐습니다.

처음이세요?

전문가세요?

AI PR 입문

오창우

대한민국, 서울, 커뮤니케이션북스, 2025

AI PR 입문

지은이 오창우
펴낸이 박영률

초판 1쇄 펴낸날 2025년 12월 10일

커뮤니케이션북스(주)
출판 등록 2007년 8월 17일 제313-2007-000166호
02880 서울시 성북구 성북로 5-11
전화(02) 7474 001, 팩스(02) 736 5047
commbooks@commbooks.com
www.commbooks.com

ISBN 979-11-430-1550-1 03500

책값은 뒤표지에 표시되어 있습니다.

차례

PR 패러다임의 전환:
전통적 PR에서 AI 기반 PR로

PR(공중관계)는 조직 커뮤니케이션의 핵심으로, 조직과 다양한 이해관계자 사이의 상호 이해를 넓히고, 궁극적으로는 신뢰 관계를 구축하고 유지하는 데 초점을 맞춘 전략적 소통 활동이다. PR의 발자취는 미디어 기술의 발전과 사회의 변모하는 요구와 불가분의 관계를 맺으며 끊임없이 진화해 왔다. 20세기 초, 아이비 리(Ivy Lee)와 에드워드 버네이즈(Edward Bernays)와 같은 개척자들이 현대적 PR의 주춧돌을 놓은 이래, 이 분야는 주로 대중 매체를 통한 메시지 확산과 여론 조작 방지를 통한 명성 관리에 주안점을 두었다. PR 초기 단계에서는 거대한 기업이나 정부 기관이 대중과의 관계를 관리하기 위해 언론 매체와 긴밀한 네트워크를 형성하고, 신문이나 라디오와 같은 미디어를 통해 공중에게 정보를 신속하게 널리 전달하는 것을 목표로 하였다. 또한 기업이 위기 상황에 직면했을 때는 조직의 명예와 신뢰를 수동적 또는 방어적인 태도로 보전하는 역할에 대체로 머물렀다. 이러한 전통적 접근 방식은 텔레비전, 라디오, 인쇄 매체 등 대중 매체가 정보 흐름의 지배적 수단으로 기능하던 시기에는 효과가 있었으나, 21세기로 접어들면서 디지털 기술의 급속한 확산은 PR의 기반 구조를 근본적으로 개편하기 시작했다.

인터넷의 일반화, 휴대용 기기의 대중화, 그리고 사회 관계망 서비스(소셜 미디어) 플랫폼들의 출현은 정보 유통의 속도를 과거에는 상상하기 어려울 정도로 가파르게 끌어올렸으며, 공중이 정보를 생산하고 소비하는 방식을 완전히 뒤바꾸어 놓았다. 이제 공중은 정보를 그저 받아들이는 수동적 존재가 아니라, 스스로 콘텐츠를 생산하고, 각자의 채널을 통해 정보를 확산시키며, 집단적인 여론을 형성하는 능동적 주체로 변모했다. 이처럼 급변한 환경에서는 PR 메시지가 단방향으로 전달되는 데 그치지 않고, 수많은 디지털 통로를 통해 실시간으로 퍼져나가고 재해석되며 심지어 조직이 예상치 못했던 방향으로 왜곡되거나 변형될 가능성도 생겨났다. 그 결과 PR는 더 이상 과거와 같은 유연하고 단순한 관계 관리나 메시지 배포만으로는 빠르게 변화하는 사회적 요구와 다변화된 이해 관계자들의 기대에 효과적으로 부응하기 어려운 상황에 놓이게 되었다. 정보의 민주화와 함께 소통 권력이 분산되고 파편화되면서, PR 전문가들은 전례 없는 복잡성과 불확실성의 파고에 직면하게 되었으며, 이는 새로운 접근 방식과 혁신적인 도구의 필요성을 절감하게 하는 결정적인 계기가 되었다.

이러한 급진적인 패러다임 전환의 정점에는 인공지능(Artificial Intelligence, AI) 기술의 본격적인 도입이 자리 잡고 있다. AI는 단순히 업무 효율을 증진시키는 보조적 도구 수준을 넘어, PR의 본질적 특성과 기능에 대한 이론적 재정의와 실천적 변혁을 촉구하는 중대한 시발점이 되고 있다. AI는 PR 전문가들이 맞닥뜨린 방대한 데이터 과부하 문제를 해결하는 데 기여하며, 과거에는 도출하기 어려웠던 수준의 깊은 통찰을 제공하기도 한다. 나아가 공중과의 상호작용 방식 자체를 근본적으로 변화시킬 거대한 잠재력을 내포하고 있다. 이 책 《AI PR 입문》은 이러한 AI 시대의 새롭게 부상하는 PR 패러다임을 심도 있게 해석하고, 미래 PR 전문가 및 관련 연구자들이 이 새로운 환경에 필요한 지식과 통찰, 그리고 실질적인 전략적 방향을 정립하는 데 기여할 목적으로 집필하였다. 이는 PR가 단순히 조직을 유지하는 수준을 넘어, 기술 발전과 인간적 가치의 조화를 통해 사회적 발전의 계기를 마련하여 사회에 공헌하는 길을 모색하는 새로운 여정의 서막이 될 것이다.

AI와 PR: 지능형 도구의 시대

AI는 인간의 인지적 기능, 예를 들어 사고 능력, 추론 과정, 학습 방식, 문제 해결 능력, 그리고 의사 결정 프로세스를 모방하거나 그 능력을 강화하는 첨단 기술 체계로 정의된다. AI는 단순히 미리 프로그래밍된 명령에 따라 움직이는 것을 넘어, 막대한 데이터에서 특정 패턴을 학습하고 미래를 예측하며, 심지어 새로운 콘텐츠를 창의적으로 만들어 내는 능력을 내포하고 있다.

AI 연구의 초기 단계는 특정 작업을 수행하도록 고안된 약인공지능(Weak AI) 또는 좁은 인공지능(Narrow AI)에 초점을 맞추었다. 그러나 최근 방대한 데이터의 축적과 컴퓨터 처리 능력의 비약적 발전을 기반으로 한 생성형 AI(Generative AI)의 등장은 PR 분야에 혁명적인 변화를 불러오고 있다. 생성형 AI는 텍스트, 이미지, 오디오, 비디오 등 다양한 형태의 콘텐츠를 인간의 창의성을 넘어서는 수준으로 생산할 수 있으며, 이는 PR 커뮤니케이션의 방법론과 가능성 자체를 근본적으로 재규정하고 있다.

오늘날 PR 현장에서는 이러한 AI 기술이 광범위하게

활용되고 있으며, 그 종류 또한 매우 다양하게 나타나고 있다. 실시간 고객 응대를 위해 사용되는 챗봇(chatbot)은 빈번히 묻는 질문(FAQ) 처리와 초기 단계의 고객 응대를 자동화하여 즉각적인 피드백을 제공한다. 음성 명령에 따라 정보를 제공하는 음성 기반 비서 시스템은 특정 정보에 대한 접근성을 높여 주고, 청각을 활용한 새로운 소통 경로를 제공한다. 텍스트나 이미지를 완전히 새롭게 창조하는 고성능 생성형 AI 모델(예: ChatGPT, Bard, Claude, Midjourney 등)은 보도 자료, 사회관계망서비스(SNS) 게시물, 전자우편 뉴스 레터, 심지어 위기 관리 메시지의 초안에 이르기까지 다양한 텍스트 기반 콘텐츠를 생성하며, 시각 및 영상 콘텐츠 아이디어 도출에도 중요한 역할을 수행한다. 또한 소셜 미디어의 최신 경향과 대중의 여론을 분석하고 잠재적 위기 징후를 조기에 감지하는 대규모 데이터 분석 플랫폼은 PR 전략 수립에서 핵심적인 의사 결정 도구로 자리매김하고 있다. 이들 AI 도구들은 PR 활동의 전반적인 구조적 전환을 가속화하는 핵심 동력으로 기능하며, PR의 역할을 과거에는 상상하기 어려웠던 수준으로 고도화하고 있다. AI는 PR 전문가의 시간과 노력이라는 자원을 절감시키는 것 이상으로, PR가 수행하는 모든 기능의 효율성, 정확성,

그리고 개인화를 극대화하는 강력한 촉매제 역할을 수행한다.

이러한 기술적 패러다임의 변화는 PR를 단순히 '메시지를 기획하고 특정 매체를 통해 전달하는 재래식 행위'에서 벗어나, '방대한 양의 실시간 데이터를 기반으로 복잡한 사회적 맥락을 심층 분석하며, 개개인에게 최적화된 맞춤형 관계 경험을 섬세하게 기획하는 고도의 전략적 활동'으로 진화시키고 있음을 의미한다. 과거의 PR가 불특정 다수에게 정보를 일방향으로 전달하는 데 초점을 두었다면, AI는 쌍방향적이고 개인화된 상호작용을 가능하게 하여 공중과의 유대감을 강화한다. 즉, PR의 본질이 과거의 집단 중심적 커뮤니케이션 관리, 즉 대중에게 똑같은 메시지를 전파하는 방식에서 벗어나, 개별화된 대상과의 섬세한 관계 설계를 통해 의미 있고 지속 가능한 상호작용을 창출하는 방향으로 재편되고 있는 것이다. AI는 공중의 목소리를 경청하고, 그들의 숨겨진 요구를 예측하며, 가장 효과적이고 진정성 있는 방식으로 소통할 수 있는 새로운 길을 열어 주고 있다. 이로써 PR는 조직의 다양한 사회적 역할을 넘어 조직의 핵심 전략적 자산으로서 그 가치를 더욱 확고히 하고 있으며, 조직의 지속 가능성에 직접적으로 기여하는 필수적인 요소로 자리매김하고 있다. 이는 AI가 PR의 새로운 지평을 열었음을 분명히 보여 주는 증거이자, 이 책에서 논의를 시작하는 핵심 전제이기도 하다.

AI가 촉발한 PR의 세 가지 축

AI 기술의 도입은 PR 영역에 세 가지 중대한 구조적 전환을 일으켰다. 이는 단순히 업무 효율성을 높이는 차원이 아니라, PR의 본질적 기능과 사회적 역할을 재정의하는 패러다임 전환이라 할 수 있다.

데이터 기반 의사 결정의 심화

AI는 PR 의사 결정의 기반을 단순히 개인의 직관과 과거 경험에 의존하던 전통적 방식에서 벗어나, 객관적 데이터와 과학적 분석에 기반한 합리적 프레임워크로 전환시키고 있다. 전통적인 PR는 공중의 여론을 파악하기 위해 주로 시간과 비용이 많이 소요되는 여론조사, 소규모 포커스 그룹 인터뷰, 언론 보도 내용의 수작업 모니터링 등 제한적이고 정형화된 데이터에 의존해 왔다. 이러한 방식은 정보 인지와 분석 과정에서 시간 지연과 오류 가능성을 낳아 PR 전략 수립의 적시성과 정확성을 떨어뜨렸다. 기업 내부의 CRM(고객 관계 관리) 데이터나 웹사이트 방문 통계 등이 활용되었지만, 실시간으로 변동하는 외부 여론 동향을 포괄적으로 분석하기에는 한계가 있었다. 그 결과 PR 활동의 효과를 명확히 입증하기 어렵다는 비판에 직면하곤 했다.

그러나 AI 시대의 PR는 이러한 제약을 완전히 뛰어넘는다. AI는 디지털 환경에서 실시간으로 생성되는 방대한 비정형 데이터(Big Data)를 수집 · 분석할 수 있는 역량을 지닌다. 이 데이터에는 SNS 게시물, 온라인 검색 기록, 뉴스 댓글, 동영상 시청 이력, 블로그 포스팅, 이미지 및 이모티콘 사용 패턴 등 미시적이고 다채로운 정보가 포함된다. 이러한 데이터 분석 능력은 '예측적 PR (Predictive PR)'라는 혁신적 실행 방식을 가능하게 한다. 예측적 PR는 특정 사안이나 캠페인에 대한 공중의 반응을 사전에 정교하게 예측해 선제적이고 전략적인 접근을 시도하는 방법론이다. 예를 들어, AI 기반 분석 시스템은 특정 키워드에 대한 온라인 부정 감성이 일정 수준 이상으로 높아지면 경고를 발령해, PR팀이 즉각 모니터링을 강화하고 대응 메시지를 준비하도록 한다. 이는 위기 확산을 방지하거나 새로운 트렌드를 예측해 시장 기회를 선점할 수 있게 한다. 결과적으로 AI는 PR의 효과성을 과학적으로 입증하고, 조직 내 PR의 전략적 위상을 높이는 핵심 요소가 된다. AI는 불확실성을 줄이고 자원 배분의 효율성을 극대화하며, PR 활동이 조직의 비즈니스 목표 달성에 기여함을 수치로 증명한다. 이는 PR가 과거 '비용'으로 인식되던 것에서 '투자'이자 '전략적 자산'으로 재평가되도록 만드는 결정적 계기가 되었다.

대중에서 개인으로 가는 초개인화 커뮤니케이션

AI는 PR의 '개인화(Personalization)' 전략을 비약적으로 발전시켜 궁극적으로 '초개인화(Hyper-personalization)' 시대를 열었다. 과거 PR가 '20대 여성'이나 '30대 직장인'처럼 광범위한 인구 통계학적 범주를 기준으로 고객을 세분화했다면, AI는 이를 넘어 개별 공중과 1:1 맞춤형 소통을 가능하게 한다.

AI는 소비자의 관심사, 행동 이력, 온라인 활동 패턴, 감정적 반응, 사회 · 문화적 배경 등을 심층 분석하여 최적화된 메시지를 자동 설계 · 제공한다. 동일한 사안이라도 청소년층, 중장년층, 전문직 종사자 등 집단 특성에 따라 메시지 내용, 전달 방식, 시기, 채널을 유연하게 조정할 수 있다.

이러한 맞춤형 접근은 과거 대중 매체 중심의 일방향 커뮤니케이션으로는 구현할 수 없던 PR 전략의 새로운 지평을 열었다. 이제 PR는 단순 정보 전달을 넘어, 공중 개개인과 심층적 관계를 형성하고, 브랜드 몰입도와 고객 충성도를 강화하는 전략으로 자리 잡고 있다.

예컨대 AI는 특정 고객이 쇼핑몰에서 제품을 탐색한 기록과 SNS에서 해당 제품 리뷰를 본 패턴을 결합해, 맞춤형 PR 콘텐츠(예: 제품 가치를 강조한 영상, 전문가 인터뷰가 담긴 뉴스레터)를 전달할 수 있다. 이는 '하나의 소비자=하나의 캠페인'이라는 철학을 구현하며, PR 효과성과 효율성을 극대화한다.

AI 기반 초개인화는 메시지가 '스팸'이 아닌 '가치 있는 정보'로 인식될 가능성을 높인다. 이는 단순히 클릭률 상승을 넘어 장기적 신뢰 구축에 기여하며, 조직의 긍정적 이미지를 강화하는 데 중요한 역할을 한다.

실행 과정의 혁신, 위기관리와 콘텐츠 제작 자동화

AI는 PR 실행 단계, 특히 위기관리 커뮤니케이션과 콘텐츠 제작에서 혁신을 주도하며 PR 전문가의 업무 방식을 근본적으로 바꾸고 있다.

첫째, 위기관리의 혁신은 AI의 실시간 데이터 처리 능력에서 비롯된다. 과거 위기관리 PR는 언론 발표, 경영진 회의, 수동적 모니터링에 의존해 대응 속도가 느렸다.

정보 비대칭과 늦은 피드백은 위기 악화를 초래했다. 그러나 AI 기반 시스템은 소셜 미디어, 뉴스 댓글, 온라인 커뮤니티 등에서 발생하는 언급을 실시간 수집 · 분석하여 여론 변화를 포착한다.

AI 기반 감성 분석은 특정 키워드에 대한 부정 반응 급증을 감지해 자동으로 대응 전략을 제시한다. 이는 대응 속도뿐 아니라 메시지 맞춤성과 신뢰 확보라는 새로운 차원의 효과를 창출한다. 또한 AI는 과거 위기 사례를 학습해 유사 상황에서 최적 대응을 제안함으로써, 사후 대응 중심의 위기관리 패러다임을 사전 예방과 능동적 통제로 전환한다.

둘째, 콘텐츠 제작 자동화는 업무 효율성과 창의성을 동시에 향상시킨다. 생성형 AI는 보도 자료 초안 작성, SNS 게시물 아이디어, 캠페인 메시지 설계, 다양한 텍스트 콘텐츠 제작을 신속히 처리한다. AI는 특정 공중에 효과적인 어조와 키워드를 반영한 여러 버전의 초안을 생성할 수 있다.

예를 들어, 고객 그룹에는 친근한 어조의 SNS 게시물을, 투자자에게는 데이터 중심의 보도 자료를 자동 생성한다. 이는 업무 부담을 줄이고 생산성을 향상시키며, PR 전문가가 데이터 인사이트를 활용해 전략적이고 창의적인 캠페인에 집중할 수 있게 한다.

또한 AI는 다국적 캠페인에서 다국어 번역과 문화적 맥락 반영을 통해 지역 맞춤형 콘텐츠를 대량 생산한다. 이로써 콘텐츠 제작의 민주화와 효율성이 증대되고, PR 전문가들은 반복 작업에서 벗어나 고부가가치 활동에 집중할 수 있다. 결과적으로 AI는 PR 직업의 본질적 변화를 촉진한다.

PR 전문가의 역할 변화와 윤리적 책임

이러한 AI 기반의 변화는 PR 전문가의 역할에도 심대한 근본적인 영향을 미치고 있다. 단순하고 반복적이거나 기계적인 업무는 이제 AI가 훨씬 효율적으로 담당한다. 그 결과 PR 전문가들은 정교한 데이터 해석, 복합적인 커뮤니케이션 전략 수립, 엄격한 윤리적 검토, 그리고 대중과의 사회적 신뢰 구축과 같은 고부가가치적이고 창의적인 업무에 집중할 수 있게 되었다. 이는 PR 전문가의 핵심 역량이 기술 활용 능력에 더해 인문학적 통찰과 사회적 책임감으로 확대되어야 하며, 그 전문성의 범위와 역할이 근본적으로 재규정되어야 하는 새로운 시대적 요구를 맞이하고 있음을 의미한다. PR 전문가는 이제 단순한 '메시지 전달자'에 머무르지 않고, 데이터 분석가, 기술 전략가, 윤리적 판단자, 스토리텔러, 관계 관리자의 다층적인 역할을 수행해야 한다.

데이터 분석가 및 통찰 추출자

방대한 데이터를 읽고 해석하며, 그 안에서 PR 전략에 필요한 의미 있는 통찰을 발굴하는 능력, 즉 데이터 리터러시는 필수적이다. AI가 데이터를 처리하는 '눈'과 같다면, PR 전문가는 그 데이터를 이해하고 전략을 도출하는 '뇌'이자 '지혜'의 역할을 수행한다. 단순한 데이터 시각화를 넘어, 데이터 이면에 숨겨진 사회적 · 문화적 맥락을 읽어내고 미래를 예측하는 통찰력을 발휘해야 한다.

기술 전략가 및 아키텍트

AI 기술의 작동 원리와 잠재적 한계를 이해하고, 조직의 PR 목표에 맞게 최적의 AI 도구를 선택하며, 이를 기존 시스템과 통합하는 기술 전략 능력이 요구된다. PR 전문가는 AI 기반 도구를 손과 발처럼 능숙하게 활용하고, 조직 내 AI 시스템의 구축과 활용 전략을 주도할 수 있어야 한다. 이는 기술 발전을 PR 혁신으로 연결하는 역량을 의미한다.

윤리적 판단자 및 가치 수호자

AI가 생성한 콘텐츠의 진정성과 공정성을 판단하고, 개인정보 보호와 알고리즘 편향 문제를 사전에 방지하며, 책임 있는 커뮤니케이션을 수행하는 높은 수준의 윤리적 판단 능력이 중요해진다. AI 활용이 가져올 수 있는 잠재적 위험을 예측하고 관리하는 것은 PR 전문가의 새로운 역량이다. AI 기술은 사회적 가치 판단 능력이 없으므로, 인간 PR 전문가의 윤리적 나침반이 무엇보다 중요하다.

인간 중심 스토리텔러

AI가 방대한 데이터에서 콘텐츠를 생성하고 최적화할 수 있지만, 진정한 감정을 불러일으키고 공감을 얻는 '인간적인' 스토리는 여전히 PR 전문가의 고유한 영역이다. AI의 분석 데이터를 기반으로 하되, 인간적 통찰과 감성으로 독창적이고 울림 있는 내러티브를 만들어 내는 능력이 요구된다. AI가 스토리를 효율적으로 구성한다면, 전문가는 그 스토리에 영혼과 진정성을 불어넣어야 한다.

관계 심화 및 공감 형성자

AI가 제공하는 효율성을 바탕으로 PR 전문가는 공중과의 상호작용을 더욱 개인화하고 심화하여 진정한 공감

대와 신뢰를 형성하는 데 집중해야 한다. 기술이 매개하는 상호작용은 양적으로 확대될 수 있지만, 관계의 질과 깊이를 결정하는 것은 인간적인 연결과 진정성 있는 소통 방식에 달려 있다. PR 전문가는 AI를 통해 얻은 통찰을 기반으로 개별 공중과의 의미 있는 관계를 형성하고 유지해야 한다. 동시에 AI는 PR 분야에 새로운 윤리적 쟁점을 제기한다. 정보 출처의 불투명성(AI 생성 콘텐츠의 출처 표기 여부), AI 생성 콘텐츠의 저작권 문제, 개인정보 침해와 무의식적 조작 가능성, 그리고 알고리즘 편향의 재생산 및 사회적 차별 강화 등은 AI 기반 PR가 반드시 해결해야 할 중요한 과제들이다.

PR 전문가는 이러한 윤리적 딜레마를 깊이 인지하고, 데이터 활용의 투명성을 확보하며, 공중의 신뢰를 훼손하지 않도록 책임 있는 AI 사용 전략을 수립해야 한다. AI는 강력한 도구이지만, 그 사용의 최종 책임과 윤리적 판단은 결국 인간 전문가에게 있다. 따라서 AI 시대의 PR 전문가는 기술적 숙련도를 넘어 강력한 윤리 의식과 문화적 감수성을 겸비해야 한다. '인간 개입(Human-in-the-loop)' 원칙을 철저히 준수하며, AI의 효율성과 인간의 윤리적 책임을 조화시키는 것이 미래 PR 전문가의 핵심 역할이다. 이는 단순히 법적 규제를 준수하는 차원을 넘어, 조직의 평판과 공중의 신뢰를 유지하기 위한 가장 근본적인 토대가 된다. PR는 이제 단순한 메시지 관리가 아니라, 사회적 가치 창출과 윤리적 리더십을 통해 조직과 사회의 지속 가능성에 기여하는 새로운 단계로 진입하고 있다.

《AI PR 입문》의 구성과 의미

이 책 《AI PR 입문》은 인공지능 기술이 PR 분야에 가져오는 혁명적인 변화를 다각적으로 조망하고, 미래 PR 전문가들이 새로운 환경에 성공적으로 적응하며 나아가 이를 선도할 수 있도록 실질적인 지식과 통찰을 제공하는 데 목적이 있다. 이 책은 PR의 본질적 가치를 재확립하면서도 AI 기술을 효과적이고 윤리적으로 활용하는 방안을 제시함으로써 지능형 PR 시대를 위한 포괄적인 안내서 역할을 수행하고자 한다.

이 책은 다음과 같은 체계적인 챕터 구성으로 독자들을 지능형 PR의 세계로 단계별 안내할 것이다.

1장. PR의 본질과 AI와의 만남

이 챕터는 공중관계(PR)의 근원적 가치를 재조명하며, 인공지능 기술이 전통적인 PR 패러다임에 어떠한 변화를 불러오는지에 대한 포괄적 이해를 돕는다. AI가 PR 전문가의 역할과 조직의 커뮤니케이션 전략에 미치는 광범위한 영향력을 심층 분석한다.

2장. 빅데이터와 PR 전략

AI 기반 PR의 핵심 근간인 빅데이터의 개념과 특성을 설명하고, PR 영역에서 방대한 데이터가 공중 여론 파악, 트렌드 분석, 예측적 PR에 어떻게 활용되는지를 보여 준다. 데이터 기반 전략 설계의 구체적 방법론을 심층적으로 논의한다.

3장. AI와 위기관리 커뮤니케이션

조직의 위기관리 커뮤니케이션 분야에서 AI가 수행하는 핵심적 역할을 다룬다. 인공지능을 활용한 위기 예측, 실시간 모니터링, 자동화된 메시지 생성 및 배포 등 AI 기반 위기관리 실행 전략과 실제 매뉴얼을 제시하고, 성공 사례를 통해 그 효과를 입증한다.

4장. 생성형 AI와 콘텐츠 제작

생성형 인공지능이 PR 콘텐츠 제작에 가져온 혁신적 변화를 집중 분석한다. 보도 자료, 사회관계망 서비스

(SNS) 게시물, 캠페인 메시지 등 다양한 형태의 콘텐츠를 AI가 어떻게 자동화하고 최적화하는지, 그 기능과 전략적 활용 방안, 그리고 구체적 실무 적용 사례를 살펴본다.

5장. 퍼스널라이제이션과 타깃 PR

인공지능 기술이 개인화된 커뮤니케이션을 넘어 '초개인화' 시대를 어떻게 구현하는지를 탐구한다. 데이터 기반 분석을 통한 정교한 타깃 PR 전략, AI 기반 메시지 맞춤화 실행 방식, 성공 사례 및 윤리적 고려 사항을 깊이 있게 다룬다.

6장. 인플루언서, 소셜 미디어, AI 분석

소셜 미디어 환경에서 인플루언서가 새로운 권력자로 부상하는 현상을 분석하고, 인공지능 기반 분석 도구가 인플루언서 영향력 측정, 캠페인 효과 예측, 공중 행동 분석에 어떻게 활용되는지 실무 전략을 중심으로 고찰한다.

7장. AI 시대의 PR 윤리와 투명성

AI 활용 PR가 직면하는 정보 불투명성, 개인정보 침해, 알고리즘 편향 등 복합적 윤리 쟁점을 집중적으로 다룬다. 투명성 확보 전략, 책임 소재 명확화, 공중 신뢰 회복을 위한 윤리적 PR의 방향을 제시한다.

8장. ESG 커뮤니케이션과 AI

ESG(환경 · 사회 · 지배 구조)가 기업의 핵심 가치로 부상함에 따라, 인공지능이 ESG 커뮤니케이션의 진정성 확보, 데이터 기반 보고, 이해관계자 맞춤형 소통에 어떻게 기여하는지를 분석한다. 아울러 AI를 통한 ESG 전략 실행 방식과 그 효과를 살펴본다.

9장. 글로벌 PR 환경과 AI 기술

인공지능이 글로벌 PR 환경에서 국경과 언어 장벽을 넘어선 전략적 커뮤니케이션을 어떻게 가능하게 하는지 탐구한다. AI 기반 실시간 데이터 분석, 다국어 메시지 설계, 글로벌 위기 대응 자동화 등 다국적 기업의 PR 전략 효율성 증대 방안을 실제 사례와 함께 고찰한다.

10장. 미래 PR인의 역량과 AI 시대의 교육

마지막으로, 인공지능 시대에 PR 전문가에게 요구되는 새로운 핵심 역량(기술적 · 전략적 · 윤리적)을 정의하고, 이러한 역량을 배양하기 위한 교육 방향 및 세계적 교육 프로그램 사례를 제시한다. 또한 기술과 인간적 가치의 조화를 강조하며 미래 PR 교육의 청사진을 제시한다.

이러한 체계적 구성을 통해 이 책은 PR의 패러다임 전환을 명확히 이해하고, AI 기술을 효과적이고 윤리적으로 활용하여 미래 PR 환경을 선도하고자 하는 모든 PR 전문가, 학생, 연구자에게 실질적이고 심층적인 지식과 영감을 제공하는 것을 목표로 한다. AI 시대의 PR는 단순히 '더 잘하는 PR'를 넘어 '다르게 하는 PR', 즉 더욱 지능적이고 책임감 있는 방식으로 진화하고 있으며, 이 책은 이 새로운 여정의 충실한 안내서가 될 것이다.

01
PR의 본질과 AI와의 만남

대중과의 상호 이해를 깊게 하고 굳건한 신뢰를 형성하는 것이야말로 PR의 핵심적인 목적이며 본질적인 역할이다. AI 기술과의 결합으로, 종래의 PR 개념은 한 단계 더 발전한 새로운 영역으로 확장된다. AI는 데이터에 기반한 의사 결정을 촉진하고, 콘텐츠 제작 과정을 자동화하며, 예측 불가능한 위기 상황을 사전에 감지하는 등 홍보 업무의 수행 방식을 획기적으로 변화시킨다. 따라서 이 장에서는 AI 시대에 홍보의 기능과 전문성이 어떻게 재정립되고 실질적으로 구현되는지에 대해 면밀히 탐구한다.

기후 위기와 인공지능?

PR의 본질과 역할: 전통적 접근의 한계

PR는 조직의 메시지를 공중에게 효과적으로 전달하고, 동시에 공중의 반응과 의견을 조직의 의사 결정 과정에 반영하는 양방향 커뮤니케이션이 필수적이다. 이 과정은 조직의 이미지와 평판을 체계적으로 관리하고 사회적 신뢰를 견고히 구축하는 것을 궁극적인 목표로 삼는다(Zerfass et al., 2020). 기존의 PR 전문가들은 주로 보도 자료 작성, 언론과의 관계 유지 및 협력, 이벤트 기획 및 실행 등 비교적 정형화되고 반복적인 활동을 수행하였다. 그러나 이러한 전통적 방식은 조직이 공중에게 메시지를 널리 전파하는 데 집중했을 뿐, 본질적 한계를 내포하고 있었다.

첫째, 대중의 반응을 실시간으로 분석하고 이에 신속하게 대응하는 데 구조적 제약이 있었다. 전통적 PR는 대중의 여론을 파악하기 위해 주로 시간과 비용이 많이 드는 여론조사, 소규모 포커스 그룹 인터뷰, 그리고 수동적인 언론 보도 모니터링 등의 방법을 제한적으로 활용했다. 이러한 한계로 인해 공중의 미묘한 감정 변화나 특정 사안에 대한 잠재적 위기 징후를 즉각적으로 파악하고 예측하기란 쉽지 않았다. 예를 들어, 특정 제품이나 서비스에 대한 부정적 반응이 소셜 미디어와 온라인 커뮤니티에서 빠르게 확산되더라도, 이를 실시간으로 인지하고 적절한 대응 전략을 수립하기까지 물리적 시간이 소요되어, 잠재적 위기가 걷잡을 수 없이 증폭될 가능성이 상존했다. 이는 정보 확산 속도가 과거와 비교할 수 없을 정도로 빨라진 디지털 시대에 PR의 가장 큰 약점으로 작용했다.

둘째, 각기 다른 특성을 지닌 공중에게 맞춤형 커뮤니케이션 전략을 설계하기 어려웠다. 전통적 PR는 '대중'을 동질적이고 획일적인 하나의 집단으로 상정하고, 모든 대상에게 동일한 메시지를 전달하는 '매스 커뮤니케이션' 방식에 주로 의존했다. 그러나 매스 미디어를 통한 일방적 접근은 각기 다른 관심사와 정보 요구, 그리고 문화적 배경을 가진 개별 공중의 참여와 공감을 이끌어내는 데 본질적 한계를 지녔다. 예를 들어, 기업의 지속 가능 경영(ESG) 관련 메시지를 연령, 성별, 직업군을 막론하고 동일하게 전달하는 것은 메시지의 효과를 크게 희석시키며, 특정 공중에게는 전혀 공감되지 않는 결과를 초래할 수 있다(Tuten & Solomon, 2020). 즉, 획일화된 메시지는 공중의 다양성을 반영하지 못해 결과적으로 소통의 효율성을 저해했다. 이러한 전통적 PR의 한계는 AI 기술의 도입을 통해 상당 부분 극복될 가능성을 보여 준다.

AI 도입과 PR 패러다임 변화: '관계 관리' 확장

AI는 PR 전략의 수립에서 실행에 이르기까지 전 과정에서 데이터 기반의 의사 결정 체계를 구축하고, 다양한 PR 활동의 자동화를 가능하게 하며, 전통적 PR의 역할을 비약적으로 확장시키고 있다. 이러한 기술적 진보는 PR를 단순히 '메시지 배포의 효율성 증대' 차원을 넘어, '데이터 기반의 고도화된 관계 관리'로 진화시키는 핵심 동력이 되고 있다. AI 도입에 따른 PR 패러다임의 변화는 크게 세 가지 측면에서 나타난다.

첫째, '예측적 PR(predictive PR)'의 혁신적 등장이다. AI는 방대한 소셜 미디어 데이터, 온라인 커뮤니티 대화, 검색 트렌드, 과거 뉴스 보도 패턴 등을 종합적으로 분석해 특정 이슈나 사안에 대한 공중의 잠재적 반응을 정교하게 예측할 수 있게 해 준다(Smith & Waddington, 2023). 이를 통해 PR 전문가들은 잠재적 위기 요인이나 새로운 기회 요인을 사전에 파악하고, 수동적 대응이 아닌 선제적 전략 수립이 가능해졌다. 과거에는 사건 발생 후 사후적으로 대응책을 마련했다면, 이제는 AI 예측 분석을 통해 위기 자체를 예방하거나 피해를 최소화할 수 있다. 예를 들어, 특정 키워드에 대한 온라인 여론의 부정적 감성 지수가 일정 수준 이상 감지되면, AI가 즉시 경고를 발생시켜 PR팀이 관련 모니터링을 강화하고 대응 메시지 초안을 준비할 수 있다. 이는 위기관리 패러다임을 '사후 대응'에서 '사전 예방'으로 전환시키고 있다.

둘째, 초개인화(hyper-personalization)된 커뮤니케이션의 실현이다. AI는 공중 구성원의 관심사, 행동 패턴, 온라인 상호작용 이력, 선호 콘텐츠 유형과 채널까지 심층 분석하여 각 개인에게 최적화된 메시지를 자동 설계한다. 더 나아가 메시지의 최적 전달 시점과 채널까지 예측한다. 예컨대, 한 글로벌 스포츠 브랜드는 AI 기반 고객 세분화 시스템을 활용해 고객군별 관심사와 라이프 스타일에 맞춘 메시지를 제공함으로써 참여율과 충성도를 크게 높였다. 동일한 캠페인 메시지라도, 활동적인 20대 남성에게는 '도전과 자기 역량 강화'를, 40대 기혼 여성에게는 '건강한 가족생활과 스트레스 해소'를, 은퇴한 60대에게는 '활기찬 노년과 새로운 취미 활동'을 강조하는 방식이다. 이런 정밀한 개인화 전략은 단순한 정보 전달을 넘어, 공중과의 감정적 유대와 의미 있는 관계를 강화한다.

셋째, 콘텐츠 제작의 민주화와 효율성 향상이다. ChatGPT, Claude 등 고성능 생성형 AI는 보도 자료 초안 작성, 소셜 미디어 게시물 아이디어 개발, 캠페인 슬로건 및 메시지 설계까지 PR 실무자가 반복적으로 수행하던 업무를 신속하고 효율적으로 처리한다. 이는 업무 부담을 줄이고 제작 시간을 단축하여 생산성을 크게 높인다. PR 전문가들은 AI가 생성한 초안을 바탕으로 인간적 감성과 통찰을 보완하거나, 데이터 분석 인사이트를 활용해 더욱 전략적이고 창의적인 캠페인을 기획·실행하는 데 집중할 수 있다. 예를 들어, AI는 특정 타깃 오디언스에 적합한 어조와 키워드를 반영한 보도 자료를 수십 초 만에 생성할 수 있으며, PR 전문가는 그만큼 전략적 방향 검토와 미디어 관계 구축에 더 많은 시간을 할애할 수 있다. 이러한 변화는 PR 전문가의 역할을 단순한 실무자에서 전략적 기획자로 전환시키는 계기를 마련한다.

AI 기반 PR 실행의 단계와 실무적 고려

AI 기반 PR를 성공적으로 실행하기 위해서는 단순히 기술을 도입하는 것을 넘어, 체계적인 단계별 접근과 실무적 고려 사항을 면밀히 검토하는 것이 중요하다. 이 과정은 크게 목표 설정, 데이터 소스 정의 및 수집, AI 도구 선정 및 연동, 데이터 분석 및 인사이트 도출, 전략적 메시지 설계 및 실행, 성과 측정 및 피드백 순환의 여섯 가지 핵심 단계로 진행된다.

첫째, 명확한 목표 설정과 데이터 소스 정의는 AI 기반 PR의 첫걸음이자 가장 중요한 단계다. "브랜드 평판 긍정 지수 10% 상승", "특정 환경 이슈에 대한 긍정적 여론 형성", "신제품 출시 후 3개월 내 인지도 20% 제고"와 같이 구체적이고 측정 가능한 목표를 수립해야 한다. 목표가 명확해지면, 이를 달성하는 데 필요한 핵심 데이터 소스(예: 소셜 미디어 게시물 및 댓글, 온라인 뉴스 기사, 웹 검색 트렌드, 고객 리뷰, 내부 CRM 데이터 등)를 정의하고, AI 시스템이 해당 데이터를 효율적으로 수집·정제하도록 설계해야 한다. 이 단계에서는 어떤 데이터가 목표 달성에 가장 중요한 기여를 할 것인지를 심층적으로 고민해야 한다.

둘째, 최적의 AI 도구 선정과 기존 시스템과의 연동이다. 설정된 PR 목표에 가장 부합하는 인공지능 도구를 신중하게 선택하는 것이 중요하다. 예를 들어, 실시간 소셜 미디어 여론 분석에는 IBM Watson, Brandwatch, Sprinklr와 같은 고급 소셜 리스닝 플랫폼을 활용할 수 있으며 캠페인 콘텐츠 초안 작성에는 ChatGPT, Claude, Bard 등 생성형 AI를 활용할 수 있다. 또한 자동화된 이메일 마케팅 솔루션이나 미디어 모니터링 시스템을 도입할 수도 있다. 이러한 도구가 CRM, 마케팅 자동화 플랫폼, 언론 홍보 관리 시스템과 유기적으로 연동될 때 업무 효율성과 시너지가 극대화된다. 즉, 단순히 도입에 그치지 않고, 전체적인 업무 흐름 속에서 AI가 자연스럽게 통합되도록 하는 것이 핵심이다.

셋째, 데이터 심층 분석과 유의미한 인사이트 도출이다. AI로 수집된 방대한 데이터는 분석 도구를 통해 공중의 감정 상태(긍정/부정/중립), 주요 관심사, 핵심 키워드와 트렌드 등을 종합적으로 파악하는 데 활용된다. PR 전문가는 AI가 제공하는 단순 통계 수치에 그치지 않고, 데이터를 통해 숨겨진 의미를 발견하고 인사이트를 도출해야 한다. 예컨대, AI 분석에서 "제품 불만이 증가했다"는 결과가 나왔다면 그 원인이 가격 때문인지 품질 문제인지 혹은 잘못된 정보 때문인지를 심층적으로 분석해 명확한 답을 찾아야 한다. 데이터의 수많은 점들을 연결해 전체적인 그림을 그리고 향후 전략에 반영할 수 있는 실질적인 방안을 도출하는 것이 PR 전문가의 역량이다.

넷째, 데이터 기반의 전략적 메시지 설계와 유연한 실행이다. AI 분석에서 도출된 인사이트를 바탕으로, 특정 타깃 공중에 최적화된 메시지와 채널 전략을 수립한다. 긍정적 반응을 유도하는 키워드나 문구를 보도 자료, 웹사이트 콘텐츠, 소셜 미디어 게시물에 전략적으로 반영하거나 부정적 여론이 형성된 채널에는 즉각적으로 맞춤형 대응 메시지를 배포해 확산을 조기에 차단할 수 있다. 중요한 것은 PR 메시지가 고정된 것이 아니라, 실시간 데이터를 반영해 유연하게 수정 · 실행되어야 한다는 점이다. AI는 A/B 테스트를 통해 어떤 메시지가 가장 효과적인지를 신속히 검증하고, 그 결과를 다음 커뮤니케이션에 즉시 반영할 수 있도록 한다.

다섯째, 정교한 성과 측정과 지속적 피드백 순환이다. 캠페인 실행 후, AI 기반 성과 측정 도구를 통해 브랜드 평판 변화, 메시지 도달률, 타깃 공중의 반응 변화, 그리고 비즈니스 성과(예: 웹사이트 방문율, 문의 증가, 매출 기여도 등)를 정량 · 정성적으로 분석한다. 이를 통해 현재의 PR 전략이 목표를 달성했는지를 평가하고, 성공 요인과 개선점을 명확히 파악한다. 이러한 피드백은 일회성으로 끝나는 것이 아니라, 다음 전략 수립과 실행에 지속 반영되어 '피드백 순환 고리'를 형성한다. 이 순환적 과정은 PR 전략의 지속적 개선과 최적화를 가능하게 하며, AI 기반 PR 활동을 보다 과학적이고 체계적으로 발전시킨다.

이와 같은 단계적 접근을 통해 AI는 PR 전문가의 경험적 판단과 직관을 보완할 뿐 아니라, 데이터 기반의 과학적이고 효율적인 실행을 가능하게 하고, PR 활동의 투명성과 예측 가능성을 비약적으로 향상시킨다.

AI 시대, PR 전문성의 변화와 재정의

인공지능 시대의 PR 전문성은 더 이상 단순히 반복적이고 기계적인 업무를 효율적으로 대체하는 수준에 머물지 않는다. AI 시대의 PR 전문가는 방대한 데이터를 해석하고 전략을 설계하며, 윤리적 딜레마를 검토하고 사회적 신뢰를 구축하는 등 훨씬 고차원적이고 복합적인 역량을 요구받는다. PR 전문가는 더 이상 조직의 메시지를 수동적으로 전달하는 정보 전달자에 머무르지 않고, 다음과 같은 핵심 역할을 수행하는 능동적이고 전략적인 커뮤니케이션 실행자로 거듭나야 한다.

첫째, 고도화된 데이터 리터러시(data literacy) 역량이다. AI가 생성・분석하는 방대한 데이터를 단순한 숫자의 나열이 아닌, PR 전략에 실질적으로 적용할 수 있는 통찰력 있는 정보로 이해하고 활용하는 능력이 필수적이다. 또한 PR 전문가는 데이터 분석 결과가 보여 주는 현상의 이면에 숨겨진 복잡한 사회적 맥락과 미묘한 인간의 심리를 깊이 읽어낼 수 있는 인문학적 통찰력도 겸비해야 한다. 이는 데이터를 통해 '무엇'을 알아내는 데 그치지 않고, '왜' 그러한 현상이 발생하는지, 그리고 이를 PR적으로 '어떻게' 활용할 것인지를 종합적으로 판단하는 능력이다.

둘째, 심층적인 윤리적 · 사회적 통찰력이다. AI 기반 PR는 개인정보 침해 위험, 알고리즘 편향으로 인한 특정 집단 배제, 잘못된 예측이나 고의적 정보 조작으로 인한 여론 왜곡 가능성 등 다양한 윤리적 문제와 사회적 논란을 수반할 수 있다. PR 전문가는 이러한 잠재적 위험을 명확히 인식하고 데이터 활용 과정의 투명성을 확보하며 공중의 신뢰와 기본권을 훼손하지 않도록 책임 있는 사용 전략과 가이드라인을 수립해야 한다(Diakopoulos, 2020). 이는 단순한 법적 책임을 넘어 사회적 · 도덕적 책임을 인식하고 실천하는 전문적 태도를 요구한다.

셋째, 차별화된 창의적 스토리텔링 역량이다. AI는 정형화된 콘텐츠를 대량으로 생산하는 데 탁월하지만, 인간의 깊은 감정을 불러일으키고 진심 어린 공감을 이끌어내는 '진정성 있는 서사'를 창조하는 데에는 본질적인 한계를 지닌다. PR 전문가는 AI가 제공하는 방대한 데이터와 인사이트를 토대로 하되, 오직 인간만이 발휘할 수 있는 독창적 아이디어와 감성으로 타깃 공중의 마음을 움직일 수 있는 진솔하고 매력적인 스토리를 발굴하고,

이를 가장 효과적인 방식으로 전달하는 핵심 역할을 수행해야 한다. 바로 이 점이 AI가 대체할 수 없는 '인간 본연의 가치'를 PR 활동에 불어넣는 중요한 지점이다.

따라서 AI 시대의 PR 전문성은 단순히 '최신 기술 활용 능력'에 국한되지 않는다. 이제는 '첨단 기술 이해', '윤리적 책임', '사회적 통찰', '창의적 리더십'이라는 복합적 가치의 실현을 포함한다. 이는 단순히 '기존의 PR를 더 효율적으로 수행하는 것'을 넘어, '효과적이고 책임감 있으며 인간 중심의 가치를 담아내는 새로운 PR'를 수행하는 것을 의미한다. AI는 PR의 본질적 목적을 유지하면서도 실행 방식과 전략 설계 전반에 걸쳐 혁신적 전환을 가능케 하는 촉매제 역할을 한다. AI 기반 PR는 데이터 기반의 정교한 의사 결정, 초개인화된 커뮤니케이션, 실시간 위기관리, 자동화된 콘텐츠 생산을 통해 전략적 효율성과 정확성을 극대화한다. 동시에 개인정보 보호, 알고리즘 편향 해소, 정보 투명성 확보 등 사회적 · 윤리적 고려를 반영한 책임 있는 운영이 필수적 요소가 되고 있다.

참고문헌

Diakopoulos, N.(2020). Transparency. In M. D. Dubber et al.

(Eds.), *The Oxford handbook of ethics of AI* (pp.197~213). Oxford University Press.

Mayer-Schönberger, V., & Cukier, K.(2013). *Big data: A revolution that will transform how we live, work, and think.* Houghton Mifflin Harcourt.

Smith, A. B., & Waddington, S.(2023). *Artificial intelligence (AI) tools and the impact on public relations (PR) practice.* Chartered Institute of Public Relations (CIPR).

Tuten, T. L., & Solomon, M. R.(2020). Social Media Marketing (4th ed.). Sage Publications Ltd.

Zerfass, A. et al.(2020). Artificial intelligence in communication management: A cross-national study on adoption and knowledge, impact, challenges and risks. *Journal of Communication Management*, 24(4), pp.377~389. https://doi.org/10.1108/JCOM-07-2020-0062

02
빅데이터와 PR 전략

AI 시대의 PR는 과거의 직관적 판단에서 벗어나, 방대한 데이터를 정밀하게 분석하여 전략을 수립하고 실행하는 방향으로 전환된다. 빅데이터는 대중의 복합적인 요구와 미세한 여론의 흐름을 실시간으로 포착한다. 이를 통해 핵심 대상에 부합하는 최적의 메시지를 개발하고, 소통 채널을 효과적으로 조정할 수 있게 된다. 이 장에서는 PR 영역에서 빅데이터가 지니는 전략적 역할과 이를 기반으로 한 PR 전략의 설계 및 실행 방법론을 탐색한다.

노래하는 AI 보컬?

빅데이터의 개념과 PR 활용: '3V' 관점

빅데이터는 단순히 양이 많은 데이터 집합을 의미하지 않는다. 핵심은 방대한 규모(Volume), 다양한 형식(Variety), 빠른 생성 · 처리 속도(Velocity)라는 세 가지 속성을 동시에 충족한다는 점이다(Mayer-Schönberger & Cukier, 2013). 오늘날 PR 분야에서 빅데이터는 여론 동향 파악, 조직 평판 관리, 캠페인 성과 측정 등 전반적인 커뮤니케이션 전략의 중심 도구로 자리 잡았다. 예를 들어, 소셜 미디어 글과 댓글, 온라인 기사, 검색 기록, 영상 시청 패턴, 블로그 게시물 등 이질적인 데이터를 통합 분석하면 특정 이슈나 브랜드를 둘러싼 공중의 감정과 태도를 객관적 지표로 확인할 수 있다(Stieglitz et al., 2018).

이와 같은 데이터 기반 접근은 PR 업무 방식 자체를 바꾸고 있다. 전략 설계에서 위기 대응, 성과 검증에 이르기까지 전 과정에서 분석 결과가 근거로 활용된다. 특히 빅데이터가 제공하는 이점은 세 가지로 요약할 수 있다.

첫째, 실시간 감지와 조기 대응이다. 분석 시스템은 온라인 공간에서 발생하는 수많은 대화를 즉각적으로 포착한다. 그 결과 조직은 특정 제품에 대한 불만이나 위기 신호를 빠르게 인식하고, 문제 확산 초기 단계에서 신속히 대응할 수 있다. 예를 들어, 한 이용자의 불만 글이 SNS 알고리즘을 통해 급속히 확산될 조짐이 보일 때 AI 시스템이 이를 탐지하고 담당자에게 알리면, 즉각적인 해명이나 대응으로 큰 위기로 발전하는 것을 차단할 수 있다. 이는 사후 대응 중심의 전통적 방식에서 벗어나 위험을 예측·관리하는 능동적 전환을 의미한다.

둘째, 세밀한 타기팅과 개인화된 메시지 전달이 가능하다. 빅데이터는 단순히 성별이나 연령 같은 인구 통계학적 구분을 넘어, 공중의 행동 패턴, 관심사, 온라인 이용 습관, 심리적 특성까지 다층적으로 분석한다. 이로써 PR 담당자는 개별 집단의 성향에 맞춘 맞춤형 메시지를 설계하고 전달할 수 있으며, 이는 단순한 정보 제공을 넘어 신뢰와 감정적 유대를 형성하는 효과로 이어진다.

셋째, 성과 검증의 정밀화다. 과거에는 PR 성과를 노출 횟수, 기사 수 등 간접적 지표로 평가했지만, 이제는 캠페인이 실제로 미친 영향—브랜드 이미지 제고, 구매 의도 향상, 웹사이트 방문 증가, 신규 고객 전환, 매출 기여도—을 구체적으로 계량화할 수 있다(Whelan & Fink, 2016). 따라서 PR 활동이 기업 성과에 어떤 가치를 창출했는지를 분명히 증명할 수 있으며, 이는 조직 내부와 외부에서 PR의 전략적 중요성을 강화하는 근거가 된다.

결국 빅데이터는 PR를 '경험적 판단' 중심의 영역에서 벗어나 분석과 측정에 기반한 과학적 전략 수립의 단계로 진화시키는 원동력이라 할 수 있다.

데이터 기반 전략 설계 및 실행: 공중 세분화와 메시지 최적화

빅데이터를 활용한 PR 전략은 정교한 공중 세분화(Audience Segmentation)에서 출발한다. 이 과정에서는 인구 통계학적 요인(연령, 성별, 거주지 등), 심리적 요인(가치관, 생활양식, 성격 특성 등), 그리고 행동 데이터(온라인 구매 기록, 검색 패턴, 소셜 미디어 사용 습관 등)를 통합적으로 분석한다. 이를 통해 조직은 잠재적 대상 집단을 명확히 정의하고, 각 집단의 특성과 요구에 맞는 커뮤니케이션 접근 방식을 설계할 수 있다.

예를 들어, 20~30대 소비자의 소셜 미디어 활동을 세밀하게 살펴보면(팔로우 계정, 자주 활용하는 해시태그, 선호 콘텐츠, 참여 커뮤니티 등), 특정 브랜드 메시지에 민감하게 반응할 가능성이 높은 집단을 식별할 수 있다. 이 집단에 맞춤화된 메시지를 제공하면 참여율과 메시지 수용도가 크게 향상된다. 과거에는 단순히 '20대 남성'처럼 인구 통계 범주만을 기준으로 집단을 정의했지만, 오늘날에는 '반려 동물을 기르는 20대 남성 중 친환경 소비를 중시하며 특정 온라인 커뮤니티에 활발히 참여하는 사람들'처럼 훨씬 구체적이고 다차원적인 이용자 프로필(User Profile)을 구성할 수 있게 되었다.

공중 세분화 다음 단계는 메시지 최적화(Message Optimization)다. 자연어 처리(Natural Language Processing, NLP) 기술을 통해 소셜 미디어, 온라인 뉴스, 포럼 등 방대한 텍스트 데이터를 분석하면, 특정 키워드나 문장 구조 또는 시각적 요소가 어떤 공중에게 긍정적 반응을 이끌어내는지 파악할 수 있다. 예를 들어, 기업이 새로운 사업 계획을 홍보하기 전에 AI 기반 분석 결과 '혁신', '미래 지향', '선도적'과 같은 키워드가 긍정적 인식을 강화한다는 점이 확인된다면, PR 전문가는 이 키워드를 전략적으로 포함시켜 메시지 효과를 극대화할 수 있다. 더 나아가 동일한 메시지를 여러 버전으로 제작해 A/B 테스트를 자동화하면, 가장 효과적인 메시지를 빠르게 검증하고 적용할 수 있다. 이를 통해 보도 자료, 소셜 콘텐츠, 광고 문구 등 모든 형태의 PR 메시지를 정밀하게 조정해 전달 효과를 높이고, 동시에 불필요한 오해나 부정적 반응을 최소화할 수 있다.

또한 빅데이터 분석은 캠페인 성과 측정의 과학화에

핵심적인 역할을 한다. AI 기반의 성과 측정 모델은 단순한 노출이나 '좋아요' 수를 넘어, 브랜드 평판의 변동, 구매 의도 변화, 웹사이트 유입과 체류 시간, 잠재 고객(Lead) 전환율, 최종 매출 기여도 등 실질적인 성과를 정량적으로 평가한다. 예를 들어, 특정 캠페인 기간 동안 관련 키워드 검색량 증가, 온라인 커뮤니티에서 긍정적 언급 확산, 제품 판매량 상승을 종합적으로 분석하면 캠페인의 투자 수익률(ROI)을 명확히 입증할 수 있다. 이러한 데이터 기반 성과 측정은 PR 활동의 가치를 조직 내부와 외부에 효과적으로 설득하고 공유하는 데 필수적인 근거가 된다.

실용적인 빅데이터 분석 기법과 도구

PR 현장에서 빅데이터를 효과적으로 활용하기 위한 실용적인 분석 기법과 도구들은 다음과 같다.

소셜 리스닝(Social Listening)

소셜 리스닝은 트위터, 페이스북, 인스타그램 등 주요 소셜 미디어를 비롯해 블로그, 온라인 커뮤니티, 뉴스 댓글 등에서 브랜드나 특정 키워드, 경쟁사, 관련 이슈와 관련된 대화를 실시간으로 탐지하고 분석하는 방법이다.

IBM Watson, Brandwatch, Sprinklr, 그리고 국내 빅데이터 분석 솔루션 등이 대표적인 도구로 쓰인다(Zerfass et al., 2020). 이 기법은 단순히 브랜드 언급량을 집계하는 수준을 넘어, 공중의 감정 상태(긍정 · 부정 · 중립), 논의되는 핵심 주제, 영향력 있는 인플루언서와 오피니언 리더(KOL)를 식별한다. 나아가 부정적 담론의 확산 경로와 속도까지 추적할 수 있다. PR 실무자는 이를 활용해 위기 발생 가능성을 사전에 포착하고, 사전적 대응 전략을 수립해 위기의 확산을 효과적으로 억제할 수 있다. 또한 캠페인 운영 중에도 공중 반응을 실시간으로 확인하며 메시지와 실행 전략을 탄력적으로 조정할 수 있다.

트렌드 분석(Trend Analysis)

구글 트렌드(Google Trends), 네이버 데이터랩, 카카오 데이터랩과 같은 검색량 분석 도구는 특정 키워드나 사회적 주제의 검색 패턴, 연관 검색어, 지역별 관심도 변화를 추적하는 데 사용된다. 이를 통해 캠페인의 적절한 개시 시점을 결정하거나, 급격히 증가하는 관심사에서 잠재적 위기 요인과 기회 요소를 조기에 발견할 수 있다. 예컨대 환경 보호에 대한 관심이 높아지는 시점에 맞추어 친환경 제품 홍보 활동을 전개하면 메시지의 파급 효과와 수용도가 극대화될 수 있다. 또 특정 건강 이슈의 검색량이 꾸준히 증가한다면 장기적 관점에서 관련 캠페인을 기획하는 근거로 삼을 수 있다.

네트워크 분석(Network Analysis)

소셜 네트워크 분석(SNA) 도구(예: Gephi, Netlytic)를 활용하면 소셜 미디어 사용자, 인플루언서, 미디어 채널, 주요 오피니언 리더 간의 관계망과 정보 흐름을 시각화하고 분석할 수 있다. 이를 통해 메시지 확산의 핵심 허브(Hub) 역할을 하는 계정이나 커뮤니티를 확인할 수 있으며, 특정 메시지가 어떤 경로를 통해 퍼져나가고 영향력을 확대하는지도 명확히 파악할 수 있다. 특히 영향력이 큰 노드(Node)를 중심으로 협업을 추진하거나 메시지를 집중 배포함으로써 효율적인 확산 전략을 세울 수 있다. 또한 커뮤니티 내부의 여론 형성 과정이나 부정적 담론의 발생 지점을 식별하는 데도 유용하다.

콘텐츠 분석(Content Analysis)

자연어 처리(NLP)와 머신러닝 기술을 활용하는 콘텐츠 분석은 보도 자료, 소셜 미디어 게시물, 블로그 글 등 다양한 PR 콘텐츠의 성과를 정량·정성적으로 평가한다.

예를 들어, AI 기반 분석은 특정 헤드라인이 다른 문구보다 높은 클릭률(CTR)을 유발하는지, 혹은 어떤 이미지와 키워드 조합이 타깃 집단의 긍정적 반응이나 공유를 더 많이 이끌어내는지를 파악할 수 있다. 또한 A/B 테스트와 연계해 여러 버전의 메시지나 이미지를 시험적으로 노출한 뒤 실제 반응 데이터를 토대로 최적의 버전을 선정할 수 있다. 이러한 접근은 직관이 아니라 데이터 기반 근거를 바탕으로 PR 콘텐츠를 지속적으로 개선하고 최적화하는 데 핵심적이다.

윤리적 고려 사항과 미래 전망

빅데이터 기반 PR 전략은 혁신적 가능성을 보여 주지만 동시에 윤리적 책임의 문제에 직면하고 있다. 이와 관련해 가장 빈번히 제기되는 핵심 쟁점은 개인정보 보호 침해와 알고리즘 편향성(Algorithmic Bias)이다. PR 실무자는 대규모 공중 데이터를 활용하는 과정에서 개인의 프라이버시를 존중하고, 데이터 수집 및 사용 과정 전반에서 투명성을 철저히 보장해야 한다. 아울러 데이터 속에 내재된 편향이 그대로 메시지에 반영되거나 확대 재생산되지 않도록 지속적으로 주의를 기울여야 한다. 예컨대 과거에 특정 성별, 인종, 사회 경제적 집단을 왜곡하거나 차별적으로 반영한 데이터가 분석에 사용될 경우, 결과적으로 특정 그룹에 불리한 커뮤니케이션이 발생할 수 있으며 이는 심각한 사회적 갈등을 촉발할 위험이 있다. 따라서 빅데이터 기반 의사 결정은 언제나 윤리적 판단 기준과 함께, 인간 전문가의 비판적 개입을 전제로 이루어져야 한다(Diakopoulos, 2020). 단기적 성과만을 강조하는 기술 중심 접근은 즉각적인 효율성을 제공할 수 있으나, 장기적으로는 조직 신뢰와 공중과의 관계를 크게 훼손할 수 있다.

향후 빅데이터 활용 PR는 지금보다 훨씬 더 정교하고 복잡한 모습으로 발전할 것으로 전망된다. 실시간 예측 분석 기술은 더욱 고도화되어 공중의 행동과 반응을 매우 높은 정확도로 예측할 수 있게 될 것이다. 또한 AI 기반 자동화 시스템은 데이터 수집, 분석, 인사이트 도출, 보고서 작성에 이르기까지 PR 업무 전 과정을 빠르고 체계적으로 처리할 수 있도록 지원할 것이다. 더 나아가 가상현실(VR)과 증강현실(AR) 같은 몰입형 기술이 데이터 분석과 결합하면서, 공중에게 개인 맞춤형이며 몰입적인 커뮤니케이션 경험을 제공할 수 있게 될 것이다.

이러한 변화 속에서 PR 전문가에게 요구되는 역량은 단순히 기술 활용 능력을 넘어선다. 무엇보다 데이터 윤리에 대한 민감한 인식, 창의적인 스토리텔링 능력, 그리고 첨단 기술을 활용해 공중과 진정성 있는 관계를 형성하며 사회적 책임을 실천하는 리더십이 필수적이다. 이는 곧 PR가 단순한 정보 전달자를 넘어, 사회적 가치를 창출하고 윤리적 리더십을 수행하는 전략적 기능으로 자리 잡아 가고 있음을 보여 준다.

참고문헌

Diakopoulos, N. (2020). Transparency. In M. D. Dubber et al. (Eds.), *The Oxford handbook of ethics of AI* (pp.197~213). Oxford University Press.

Mayer-Schönberger, V. & Cukier, K.(2013). *Big data: A revolution that will transform how we live, work, and think.* Houghton Mifflin Harcourt.

Stieglitz, S. et al.(2018). Social media analytics - Challenges in topic discovery, data collection, and data preparation. *International Journal of Information Management, 39*, pp.156~168. https://doi.org/10.1016/j.ijinfomgt.2018.04.004

Whelan, T. & Fink, C.(2016). The comprehensive business case for sustainability. *Harvard Business Review, 94*(10), pp.88~97.

Zerfass, A. et al.(2020). Artificial intelligence in communication management: A cross-national study on adoption and knowledge, impact, challenges and risks. *Journal of Communication Management, 24*(4), pp.377~389.

https://doi.org/10.1108/JCOM-07-2020-0062

03
AI와 위기관리 커뮤니케이션

AI 기술은 위기관리 커뮤니케이션의 신속성과 정확성을 향상시키는 데 적극적으로 활용된다. AI는 실시간 상황 감시, 자동화된 메시지 생성, 그리고 데이터에 근거한 의사 결정 지원을 통해 위기 대응 절차의 효율성을 크게 증진시킨다. 이러한 기술적 도입은 과거보다 훨씬 신속하고 조직적인 위기관리를 실현하며, 조직의 위기 상황 대처 능력을 한 단계 높이는 결과를 가져온다.

인공지능과 편향?

위기관리 커뮤니케이션의 본질과 변화 양상

위기관리 커뮤니케이션(Crisis Communication)은 조직이 돌발적이거나 예측하기 어려운 사건, 외부의 위협에 직면했을 때 조직의 명성과 신뢰를 지키고 피해를 최소화하며, 다양한 이해관계자들과 원활히 소통하기 위한 전략적이고 종합적인 활동을 의미한다(Coombs, 2015).

이전의 위기관리 방식은 사건 발생 이후의 사후 대응에 무게를 두었다. 대표적으로 언론 대상의 공식 발표, 경영진의 긴급 회의 소집, 그리고 신문 · 방송 위주의 아날로그적 미디어 모니터링이 주류를 이루었다. 그러나 이러한 방식은 정보 파악과 대응 과정에서 지연이 불가피했고, 이는 위기 통제 능력에 구조적 한계를 안겨 주었다.

21세기에 들어서면서 디지털 미디어와 소셜 네트워크 서비스(SNS)가 급속히 확산되자 정보의 생산, 유통, 소비 양식이 근본적으로 달라졌다. 이제 정보는 시공간의 제약 없이 실시간으로 공유되고, 개인이 제작한 콘텐츠조차 순식간에 전 세계로 확산되는 초연결 환경이 도래했다. 이러한 변화 속에서 위기 대응 속도와 메시지 적합성은 위기관리를 좌우하는 핵심 요소로 자리 잡게 되었다.

AI 도입 이전의 PR 실무자들은 트위터, 페이스북, 인스타그램 등 다양한 채널과 온라인 뉴스 댓글, 포럼 등을 직접 탐색하며 잠재적 위기 신호를 모니터링해야 했다. 하지만 이 과정은 방대한 데이터를 처리하고 빠르게 변화하는 상황에 대응해야 했기 때문에 인적 자원 소모가 크고 오류 발생 가능성도 높았다. 결과적으로 초기 단계에서 충분히 차단할 수 있었던 위기가 적절한 대응을 놓치면서 확대될 위험을 내포했다.

반면 AI 기반 위기관리 시스템은 이러한 문제를 근본적으로 완화한다. 인공지능은 대규모 온라인 데이터를 실시간으로 수집 · 분석하며, 위기 조짐을 조기에 탐지하고 그 결과를 바탕으로 효과적인 대응 전략을 설계할 수 있다(Van der Meer & Jin, 2020). 이는 위기관리의 패러다임을 단순 사후 대응에서 위험 예측과 선제적 대응 중심으로 이동시키며, 조직의 명성을 보호하고 신뢰를 유지하는 데 결정적인 역할을 한다.

인공지능(AI) 기술은 위기관리 커뮤니케이션에서 필수적인 신속성과 정확성을 강화하는 핵심 도구로 자리잡고 있다. 특히 AI는 실시간 여론 탐지, 자동화된 메시지 생성, 데이터 기반 의사 결정 지원 등을 통해 위기 대응 과정을 전반적으로 개선한다. 예컨대 온라인 공간에서 부정적 담론이 급격히 증가하거나 특정 브랜드에 대한 불신 여론이 확산되는 경우, AI 모니터링 시스템은 이를 조기에 포착해 관리자가 선제적 대응을 할 수 있도록 돕는다. 또한 자동화 메시지 생성 프로그램은 위기 상황에서 통일된 메시지를 빠르게 전달하게 하며, 챗봇은 고객의 불안감을 줄이는 소통 창구로 활용될 수 있다. 더 나아가 데이터 분석은 어떤 커뮤니케이션 채널이 효과적인지, 어떤 언어적 전략이 공감을 이끌어내는지에 대한 실질적 근거를 제공한다. 그러나 기술적 편리성에만 의존할 경우 인간의 상황 판단이 약화되거나 윤리적 책임이 소홀히 다뤄질 수 있다는 위험도 존재한다. 따라서 AI 활용은 전문가의 비판적 개입과 함께 균형 있게 이루어져야 한다. 이 장에서는 이러한 맥락에서 인공지능이 위기관리 방법론을 어떻게 변화시키는지, 그리고 그 효과가 어떠한지에 대해 실제 사례와 실행 지침을 중심으로 심층적으로 검토하고자 한다.

AI 기반 위기 예측 및 실시간 대응 전략

AI는 자연어 처리, 감성 분석(Sentiment Analysis), 트렌드 예측 모델 등을 통해 비정형 데이터를 실시간으로 수집·가공하는 능력을 갖추고 있다. IBM Watson과 같은 첨단 AI 솔루션은 소셜 미디어와 뉴스 채널을 24시간 모니터링하며, 부정적 감정 급등이나 특정 키워드의 비정상적 패턴을 탐지해 위기 발생 가능성을 높은 정확도로 예측한다. 이러한 징후가 확인되면 즉시 경보를 발송해 조직이 신속히 대응 전략을 마련할 수 있도록 돕는다(Tuten & Solomon, 2020). 이는 공중 신뢰 손실을 최소화하고 브랜드 이미지의 손상을 예방하는 데 중요한 역할을 한다.

2017년 유나이티드항공(United Airlines) 승객 강제 하차 사건은 위기관리 커뮤니케이션의 대표적 사례로 자주 언급된다. 사건 발생 직후 소셜 미디어에서는 부정적 여론이 급속히 확산되었고, 온라인 담론의 파급 효과와 인플루언서들의 반응이 기업 대응의 핵심 변수가 되었다. 이러한 과정은 위기 상황에서 디지털 여론을 면밀히 추적하고 전략적으로 관리하는 것이 얼마나 중요한지 잘 보여 준다(Coombs, 2015; Van der Meer & Jin, 2020).

또 다른 사례로 2020년 도미노피자(Domino's Pizza)의 온라인 리뷰 위기를 들 수 있다. 도미노피자는 AI 기반 감성 분석 시스템을 활용해 부정적 리뷰 급증을 실시간으로 탐지했다. 더 나아가 고객 불만의 핵심 패턴을 추출하고, 생성형 AI를 통해 고객별 맞춤형 대응 메시지 초안을 자동 생성하여 신속히 대응함으로써 부정 여론의 확산을 차단하고 브랜드 신뢰를 회복할 수 있었다.

그러나 인공지능 기반 위기관리 시스템이 언제나 긍

정적 결과만을 보장하는 것은 아니다. 데이터의 편향성이나 불완전한 알고리즘 설계는 상황을 왜곡하거나 불필요한 불안감을 확대시킬 수 있다. 또한 실시간 모니터링 과정에서 개인 정보가 무단으로 활용될 위험이 존재하며, 특정 집단의 목소리가 과도하게 반영되어 사회적 불균형을 심화시킬 우려도 있다. 따라서 AI 활용은 단순히 속도와 효율을 높이는 데 그쳐서는 안 되며, 법적 · 윤리적 기준을 충족하고 전문가의 면밀한 검증을 거쳐야 한다. 나아가 장기적으로는 데이터 축적과 지속적 학습을 통해 위기 대응 역량을 고도화하고, 이를 조직의 사회적 책임 활동과 연결함으로써 공중의 신뢰를 확보하는 방향으로 발전해야 한다.

이와 같은 한계에도 불구하고, 실제 사례들은 AI가 전략적 의사 결정과 실행을 뒷받침하는 핵심 도구로 기능할 수 있음을 보여 준다. 인공지능은 방대한 데이터를 분석하여 인간이 놓치기 쉬운 요소를 보완하고, 객관적 근거에 기반한 대응을 제시함으로써 위기관리의 수준을 한층 향상시키고 있다.

AI 기반 위기관리 실행 매뉴얼

AI 기반 위기관리 시스템을 조직 내에 효과적으로 도입하고 운영하기 위해서는 단계별 절차를 체계적으로 수립할 필요가 있다. 그 주요 과정은 다음과 같다.

위기 시나리오 정의 및 핵심 키워드 설정

첫 단계는 조직이 마주할 수 있는 다양한 잠재적 위기 유형을 사전에 구체적으로 규정하고 분류하는 것이다. 예를 들어 제품 결함으로 인한 리콜, 경영진의 비윤리적 행위, 서비스 장애, 개인정보 유출, 생산 시설 사고 등이 해당된다. 각 시나리오별로 AI 모니터링 시스템이 탐지해야 할 핵심 키워드(예: '리콜 사태', '내부 고발', '시스템 장애', '정보 유출')와 감성 패턴을 상세히 지정해야 한다. 이 과정은 위기관리팀뿐만 아니라 법무, 홍보, 마케팅, 기술 관련 부서가 함께 참여하여 논의해야 하며, 환경 변화에 맞춰 주기적으로 갱신되어야 한다.

모니터링 시스템 구축 및 채널 연동

AI 모니터링 도구는 트위터, 인스타그램, 틱톡, 페이스북, 유튜브 댓글, 뉴스 포털, 온라인 커뮤니티, 리뷰 사이트 등 대중 여론이 형성되는 주요 채널과 연결되어야 한다. Meltwater, Brandwatch, Sprinklr와 같은 솔루션을 활용하거나 국내 특화 서비스를 병행할 수 있다. 또한 다국어 지원, 지역 · 언어별 필터링, 이미지 · 영상 내 텍스트 인식(OCR) 기능 등이 제공되어야 하며, 기존 CRM이나 PR 관리 시스템과도 통합적으로 운영될 수 있어야 한다.

알림 및 경보 시스템 정교화

위기 징후가 발견될 경우－예컨대 특정 키워드의 부정적 언급 급증, 영향력 있는 인플루언서를 통한 부정적 메시지 확산, 감성 지수의 임계치 초과 등－PR 담당자와 관련 부서에 즉각 알림이 전달되도록 설정해야 한다. 알림에는 단순한 경보 메시지가 아니라 위기 원인으로 추정되는 키워드, 관련 데이터 링크, 확산 경로, 핵심 발언자 목록, AI 분석에 기반한 초기 대응 방향이 함께 포함되어야 한다. 또한 전달 채널(이메일, SMS, 메신저 앱 등)과 알림의 우선순위(경미 · 중요 · 심각)도 미리 규정해 혼선을 예방해야 한다.

대응 메시지 자동화 및 템플릿 최적화

챗봇이나 생성형 AI를 활용하여 위기 초기 단계에서 활용 가능한 대응 문구를 시나리오별로 사전에 준비해 두는 것이 중요하다. 예를 들어 "사실 관계를 확인 중입니다", "빠른 시일 내 공지하겠습니다", "불편을 끼쳐 죄송

합니다. 즉각 조치하겠습니다"와 같은 문구를 미리 템플릿화하면 초기 대응 시간을 크게 단축할 수 있다(Jena et al., 2023). 다만 이러한 자동화 메시지는 반드시 PR 전문가의 검토와 승인 절차를 거쳐야 하며, 브랜드의 가치와 일관성을 해치지 않도록 관리해야 한다.

시뮬레이션 및 반복 훈련

AI 기반 시뮬레이션을 활용하여 다양한 위기 상황을 가상으로 재현하고, 관련 부서가 AI 시스템과 협력해 대응하는 훈련을 정기적으로 실시해야 한다. 이를 통해 실제 상황에서 AI가 제공하는 데이터 활용 방식, 메시지 생성과 배포 절차, 공중 반응의 변화 양상을 실질적으로 검증할 수 있다. 반복 훈련은 조직의 대응 역량을 강화하는 동시에 AI 시스템의 한계와 개선점 파악에도 기여한다.

AI 기반 위기관리 시스템은 단순한 기술 보조를 넘어, 위기관리 역량을 근본적으로 강화하는 핵심 수단으로 작용한다. 인공지능은 방대한 데이터를 분석해 복잡한 패턴을 탐지하고, 인간이 간과하기 쉬운 요소를 보완하여 전례 없이 신속하고 정확한 대응을 가능하게 한다. 이를 통해 조직은 명성을 보호하고 신뢰를 유지할 수 있다.

그러나 기술은 어디까지나 도구일 뿐이며, 최종적인 판단과 윤리적 책임, 그리고 대중과의 진정성 있는 소통은 여전히 인간 PR 전문가의 역할임을 잊지 말아야 한다. 결국 AI와 인간의 협업이야말로 위기관리 커뮤니케이션에 새로운 전략적 가치를 창출하는 원동력이 될 것이다.

참고문헌

Coombs, W. T.(2015). *Ongoing crisis communication: Planning, managing, and responding* (4th ed.). SAGE.

Tuten, T. L. & Solomon, M. R.(2020). *Social Media Marketing* (4rd ed.). Sage Publications Ltd.

Van der Meer, T. G. L. A. & Jin, Y.(2020). Seeking formula for misinformation treatment in public health crises: The effects of corrective information type and source. *Health Communication, 35*(5), pp.560~575. https://doi.org/10.1080/10410236.2019.1672304

04
생성형 AI와 콘텐츠 제작

생성형 AI는 보도 자료, 소셜 미디어 게시물, 캠페인 카피 등 PR 콘텐츠를 자동 생성하고, 상황 변화에 맞춰 신속히 재구성할 수 있는 핵심 도구다. 이 장은 생성형 AI의 주요 기능과 작동 원리, 전략적 활용 범주를 정리하고 실제 업무에 적용 가능한 실행 지침을 제시한다. 또한 사례 기반의 성과 지표와 평가 방법을 검토하여 현장 효과의 검증 가능성을 높인다. 아울러 조직 규모와 산업 특성에 따른 적용 시나리오, 윤리 · 법제 유의 사항, 리스크 관리 포인트를 포함해 실무 활용도를 강화한다.

청각장애인과 AI?

생성형 AI의 기능과 역할

생성형 AI는 대규모 언어 모델(Large Language Models, LLMs)과 같은 생성 모델을 기반으로 방대한 텍스트 · 이미지 · 음성 데이터를 학습하여 새로운 결과물을 산출한다. 사용자가 제시하는 프롬프트를 해석하고 이에 적합한 텍스트, 이미지, 코드 등을 자동으로 생성하는 것이 핵심적인 기능이다. 이러한 기술은 PR 실무에서도 중요한 역할을 담당한다. 예컨대 보도 자료 작성 과정에서 생성형 AI는 기업이 전달하려는 메시지와 목표 수용자의 특성을 고려하여 문장 구조를 재구성하고, 상황에 맞는 어조와 표현 방식을 제안할 수 있다. 실제로 Stieglitz et al.(2021)의 연구에 따르면, 생성형 AI는 광고 및 PR 콘텐츠 제작에서 다양한 초안을 빠르게 산출하여 전문가가 메시지를 전략적으로 조율할 수 있는 환경을 마련한다. 이는 단순히 초안을 만드는 수준을 넘어, 조직이 추구하는 이미지나 캠페인 목적에 따라 어조를 전문적, 친근하게, 혹은 혁신적으로 조정할 수 있는 토대를 제공한다.

소셜 미디어 콘텐츠 제작에서도 생성형 AI의 기여는 점차 확대되고 있다. AI는 플랫폼별 특성(예: 인스타그램, 트위터, 링크드인 등)과 과거 반응 데이터를 분석하여 효과적인 게시물 길이, 적합한 해시태그, 참여를 유도할 수 있는 질문 등을 추천한다. Lazer et al.(2018)의 연구는 자동화가 콘텐츠 생산 속도를 높이고 반복적 업무를 대체하여, PR 전문가가 창의적 기획과 관계 구축에 더 많은 시간을 투자할 수 있게 한다는 점을 강조한다. 따라서 생성형 AI는 단순한 기술 도구를 넘어, PR 전문가의 전문성과 창의성을 보완하는 협력적 파트너로 자리 잡아 가고 있다.

실행 과정과 전략적 활용

생성형 AI를 활용한 콘텐츠 제작은 단계적인 절차를 통해 체계적으로 진행된다.

우선 첫 단계는 프롬프트 설계로, PR팀은 제작할 콘텐츠의 종류, 전달할 핵심 메시지, 목표 청중의 특성, 캠페인의 구체적 목적, 포함할 핵심 키워드와 배제할 표현, 그리고 브랜드 톤과 매너 지침 등을 명확히 설정한다. 입력값이 세밀할수록 결과물의 품질이 향상되므로, 이 과정은 성공적인 AI 활용을 위한 출발점이라 할 수 있다.

두 번째 단계는 초안 작성과 구조화다. AI는 제공된 지시어를 토대로 학습된 데이터베이스를 활용해 다양한 텍스트 초안과 시나리오를 생성한다. 예컨대 특정 캠페인을 위한 소셜 미디어 게시물을 요청하면, 여러 가지 표현 방식, 해시태그 조합, 이미지 설명 문구 등을 동시에 제안할 수 있다. 이는 메시지의 일관성을 유지하고 전달력을 높이는 데 도움이 된다(Smith & Waddington, 2023).

세 번째 단계는 결과물 검토와 수정 과정이다. PR팀은 AI가 제안한 초안을 그대로 사용하지 않고, 브랜드 아이덴티티, 윤리적 원칙, 법적 요건, 문화적 맥락을 종합적으로 반영해 재검토한다. 또한 AI는 특정 집단의 반응을 예측하는 시뮬레이션 도구로 활용될 수 있으며, 최종 결과물은 전문가의 직관과 경험을 반영하여 완성된다.

마지막 단계는 배포와 효과 분석이다. 완성된 콘텐츠는 각 플랫폼의 특성과 이용자 행동 패턴에 맞게 배포되며, 이후 AI 기반 분석 시스템을 통해 도달률, 참여도, 공중 반응, 브랜드 평판 변화 등이 실시간으로 측정된다. 이러한 데이터는 차후 전략 수립과 기존 전략 개선에 활용된다.

전략적 차원에서 생성형 AI는 PR 활동의 범위와 역량을 크게 확장한다. 예를 들어, 글로벌 캠페인에서는 단순 번역을 넘어 문화적 맥락을 고려한 현지화(localization)를 지원한다. 또한 시즌별 캠페인이나 특정 이벤트에서는 방대한 소비자 데이터와 최신 트렌드 분석을 바탕으로 효과적인 키워드와 메시지를 도출하고, 이를 토대로 대규모 맞춤형 콘텐츠를 단기간에 제작할 수 있다. 더 나아가 위기 상황 발생 시, AI는 공지문, FAQ, Q&A 스크립트 등 긴급 대응 자료를 신속하게 생산하여 조직이 일관되고 신속한 메시지를 전파할 수 있도록 돕는다(Van der Meer & Jin, 2020). 이러한 활용 방식은 PR 실무의 생산성을 향상시키는 동시에 보다 전문적이고 정교한 커뮤니케이션을 가능하게 한다.

실용적인 생성형 AI 활용 방안

PR 실무에서 생성형 AI를 적극적으로 활용할 수 있는 구체적인 접근 방법은 다음과 같다.

보도 자료 및 연설문 초안의 신속한 작성과 다변화

홍보 담당자는 보도 자료에 반드시 포함해야 할 기본 요소(기업명, 신제품 · 서비스 정보, 발표 시점, 핵심 데이터, 타깃 시장, 인용문 등)를 키워드 또는 짧은 문장 형태로 AI에 입력한다. 그러면 AI는 동일한 내용을 기업의 공식적 톤, 친근한 대중적 톤, 기술적 · 전문적 톤 등 다양한 스타일로 변주해 보도 자료 초안을 신속히 만들어 낸다. 이 과정은 전통적으로 몇 시간에서 며칠씩 소요되던 작성 과정을 획기적으로 단축시켜, 실무자가 미디어 네트워킹이나 전략 기획과 같은 본질적인 업무에 집중할 수 있도록 돕는다. 또한 연설 원고 작성의 경우에도, 발표의 목적 · 청중 · 시간 · 핵심 메시지를 입력하면 AI가 설득력 있는 스토리텔링을 바탕으로 초안을 제공해 연설자의 부담을 덜어준다.

소셜 미디어 콘텐츠 기획 및 자동 최적화

AI는 틱톡 쇼트폼 영상, 인스타그램 릴스용 스크립트, 해시태그 묶음, 게시물에 삽입될 이미지 · 영상 설명문 등을 빠르게 생성할 수 있다. 특히 플랫폼별 최신 트렌드와 이용자 반응 데이터를 분석하여, 해당 플랫폼에 가장 적합한 어조, 길이, 시각적 구성 요소를 제안한다. 이를 통해 즉각적인 참여를 이끌어내는 콘텐츠를 즉각 생성할 수 있으며, 담당자의 반복적 업무 부담을 줄이고 창의적 캠페인 구상에 더 많은 자원을 투입할 수 있게 된다.

FAQ 및 질의응답 문서의 체계적 정리와 신속 대응

신규 서비스나 제품 출시, 또는 잠재적 위기 상황을 예상해 고객이나 언론이 제기할 수 있는 질문과 그에 대한 모범 답변을 사전에 AI에 학습시킨다. 이를 바탕으로 AI는 고객 지원용 FAQ 문서나 미디어 대응 Q&A 자료를 빠르게 정리해 제공할 수 있다(Wiesenberg, et al., 2017). 이러한 자동화는 위기 발생 시 불확실성을 줄이고, 공중에게 정확하고 일관된 메시지를 실시간으로 전달하는 데 중요한 역할을 한다. 실무자는 AI가 제시한 초안을 간단히 검토 · 수정만 하면 되므로 긴급 상황에서도 대응 속도를 크게 높일 수 있다.

이메일 및 뉴스레터의 고도화된 개인화

고객 관리 시스템(CRM)에 축적된 데이터(연령, 관심사, 구매 기록, 직종, 선호 콘텐츠 유형 등)를 AI에 제공하면, AI는 각 세분화된 그룹에 최적화된 제목과 본문을 가진 이메일이나 뉴스레터를 작성한다. 예컨대 대학생 집단에는 최신 유행과 문화적 키워드를 강조한 메시지를, 중년 직장인에게는 실용성과 전문성을 중심으로 한 콘텐츠를 구성하는 식이다. 이렇게 맞춤화된 메시지는 단순한 정보 제공을 넘어 높은 열람률과 클릭률을 유도하며, 결과적으로 고객과의 관계를 강화하고 캠페인 성과 달성에 크게 기여한다.

성과 중심 사례 분석

최근 실제 산업 현장에서 생성형 AI는 전통적 콘텐츠 제작 방식을 뛰어넘는 성과를 거두며 그 가능성을 입증하고 있다.

패션 브랜드 A사의 사례

한 글로벌 패션 기업은 신제품 론칭 캠페인에서 AI를 활용해 보도 자료와 소셜 미디어 게시물을 제작·배포했다. 그 결과, 동일한 기간 동안 수작업 대비 약 30% 더 많은 콘텐츠를 신속히 생산할 수 있었으며, 게시물당 평균 반응(좋아요, 댓글, 공유 등) 또한 25%가량 증가했다. 이 사례는 AI는 양적 확대를 넘어 공중의 주목을 끌며 상호작용까지 강화하는 고품질 콘텐츠를 산출할 수 있음을 보여 준다.

제약사 B사의 사례

B사는 긴급 제품 회수 상황에서 AI 기반 시스템을 활용해 공지문, FAQ, 고객 안내문 등 핵심 메시지를 단시간 내 마련하고 동시에 내부와 외부에 배포했다. 이 과정에서 메시지 전달 시점은 기존 방식 대비 60% 단축되었고, 고객 및 언론 대응 시간도 40% 줄어들었다. 이는 생성형 AI가 위기 상황에서 조직의 명성과 신뢰를 보호하는 데서 빠른 대응과 정확성을 동시에 제공할 수 있음을 시사한다.

식음료 기업 C사의 사례

한 글로벌 식음료 회사는 특정 국가에서 발생한 문화적 오해로 부정적 여론에 직면했다. 해당 기업은 AI를 활용해 현지 문화와 정서를 분석한 뒤 사과문과 해명 메시지 초안을 신속히 도출했다. AI는 단순 번역 수준을 넘어, 해당 사회에서 수용될 가능성이 높은 어조와 표현 방식을 제안했고, 이를 바탕으로 기업은 24시간 이내에 대응할 수 있었다. 결과적으로 부정적 여론의 확산 속도는 절반 이상 감소했으며, PR 전문가들은 최종 메시지에 공감과 진정성을 더하는 데 집중할 수 있었다. 이는 AI가 다문화적 위기 커뮤니케이션에도 효과적인 해법을 제시할 수 있음을 보여 준다.

중소기업 D사의 사례

자원이 부족한 한 중소기업은 신제품 홍보 과정에서 AI 마케팅 도구를 활용했다. 이를 통해 홍보 문구, 블로그용 짧은 글, 소셜 미디어 게시물을 자동 생성했으며, 고객 리뷰와 경쟁사 데이터를 분석해 제품 강점을 부각할 수 있는 키워드를 추출했다. 그 결과 제작 비용은 70% 절감되었고, 캠페인 도달률은 40% 이상 높아졌으며 온라인 참여도는 두 배로 증가했다. 이는 생성형 AI가 대기업뿐 아니라 중소기업에도 비용 효율적이고 전략적인 PR 솔루션이 될 수 있음을 보여 준다. 중소기업 D사의 사례는 생성형 AI가 대기업뿐 아니라 자원이 한정된 조직에도 비용 효율적이고 전략적인 PR 솔루션이 될 수 있음을 보여 준다.

이러한 구체적 경험들은 AI가 특정 상황을 넘어 폭넓은 맥락에서 실질적인 가치를 창출할 수 있음을 입증한다. 이상의 사례들은 단순히 산업별 성공을 기록한 수준을 넘어, 생성형 AI가 속도 · 정확성 · 문화적 적합성 · 비용 효율성이라는 네 가지 축을 기반으로 PR 전반의 혁신을 주도하고 있음을 보여 준다. 특히 위기관리, 글로벌 캠페인, 중소기업의 자원 한계 극복 등 다양한 맥락에서도 일관된 긍정적 성과를 입증했다는 점에서 주목할 만하다. 이는 AI가 특정 분야에 국한된 도구가 아니라, 다양한 환경에 적응하며 조직의 성과 달성을 돕는 범용적 파트너임을 시사한다.

참고문헌

Lazer, D. M. J. et al.(2018). The science of fake news. *Science, 359*(6380), pp.1094~1096.

https://doi.org/10.1126/science.aao2998

Smith, A. B., & Waddington, S.(2023). *Artificial intelligence(AI) tools and the impact on public relations(PR) practice.* Chartered Institute of Public Relations(CIPR).

Stieglitz, S. et al.(2021). Social media analytics and artificial intelligence: Opportunities and challenges for crisis communication. *Journal of Communication Management, 25*(4), pp.265~281. https://doi.org/10.1108/JCOM-07-2020-0062

Van der Meer, T. G. L. A. & Jin, Y.(2020). Seeking formula for misinformation treatment in public health crises: The effects of corrective information type and source. *Health Communication, 35*(5), pp.560~575. https://doi.org/10.1080/10410236.2019.1672304

Wiesenberg, M. et al.(2017). Big data and automation in strategic communication: Mapping the field and future challenges. *International Journal of Strategic Communication, 11*(2), pp.95~114. https://doi.org/10.1080/1553118x.2017.1287950

05
퍼스널라이제이션과 타깃 PR

디지털 미디어 환경에서 퍼스널라이제이션은 개인의 특성 및 상황 맥락을 반영해 메시지를 설계하고 전달하는 핵심 전략으로 자리한다. 이 장은 데이터 분석에 기반한 타깃 PR의 구성 요소를 체계화하고, 검증된 사례를 통해 그 효과를 평가한다. 아울러 현장에서 즉시 활용 가능한 AI 기반 퍼스널라이제이션 기법을 구체적으로 제시하며, 이러한 접근의 전략적 확장 가능성과 향후 적용 방향을 논의한다.

AI 콘텐츠 크리에이터?

퍼스널라이제이션의 개념과 진화

퍼스널라이제이션은 개인의 맥락과 특성을 반영해 메시지와 경험을 정밀 조정하는 전략이다. 초기 디지털 개인화는 인구 통계 기반 세분화와 리타기팅 같은 비교적 단순한 방식에 의존했다(Boerman et al., 2017; Shankar et al., 2020). 최근에는 인공지능이 검색·이용 행태·소셜 활동·구매 기록 등 다원적 데이터를 실시간으로 결합·분석하면서, 개인 단위의 정교한 커뮤니케이션 설계가 가능해졌다(Schleicher et al., 2022).

이 흐름 속에서 하이퍼-퍼스널라이제이션은 수용자를 개별 주체로 간주하고 상황에 맞춘 콘텐츠와 접점을 동적으로 추천하는 접근으로 발전했다. 전통적 대중 전달 중심의 관행과 달리, 데이터 기반 메시지·채널 최적화를 통해 쌍방향 관계 형성과 참여를 직접 겨냥한다(Shankar et al., 2020; Wiesenberg et al., 2017). 예를 들어 스트리밍 서비스의 추천 시스템과 같은 협업 필터링·하이브리드 기법은 이용자 취향을 학습해 항목 수준의 개인 최적화를 구현한다(Ekstrand et al., 2011).

정치·공공 커뮤니케이션에서도 데이터 기반 타기팅이 확산되어, 이슈 선호가 다른 유권자 집단에 상이한 메시지를 제시하는 방식이 보편화되고 있다(Allcott &

Gentzkow, 2017). 이러한 변화는 퍼스널라이제이션이 단순 판매 촉진을 넘어, 신뢰와 관계를 축적하는 전략적 커뮤니케이션의 핵심 축으로 자리 잡고 있음을 시사한다(Shankar et al., 2020; Wiesenberg et al., 2017).

AI 기반 타깃 PR의 실행 방식

AI는 대규모 데이터에서 패턴을 학습해 집단과 개인의 행동 특성을 정밀 추정한다. 이를 통해 실무자는 어떤 메시지와 채널 조합이 누구에게 효과적인지 사전에 가늠하고 운영 효율을 높일 수 있다. 옴니채널 환경에서 고객관계 관리와 머신러닝을 결합하면 접점별 최적 시점·매체·크리에이티브를 산출할 수 있으며, 광고·콘텐츠 반응을 예측해 실험 비용을 줄일 수 있다(Shankar & Kushwaha, 2021; Li et al., 2020). 이때 구매 이력, 웹·앱 이용 로그, 문의 기록, 소셜 상호작용 등 다중 접점 데이터를 통합 분석하는 것이 핵심이다.

소비재와 서비스 업계에서는 추천 시스템과 챗봇을 연계해 퍼스널라이제이션을 고도화한다. 협업 필터링·하이브리드 추천은 개별 취향을 학습해 항목 수준의 제안을 가능하게 하고, 대화형 인터페이스는 맥락에 맞춘 응답과 후속 제안을 통해 관계 형성을 촉진한다

(Ekstrand et al., 2011).

정치 · 공공 영역에서도 데이터 기반 미시 타기팅이 확산되어, 유권자 이슈 선호에 따라 메시지 구성이 달라진다. 이는 동일 후보 · 정책이라도 환경, 경제, 보건 등 관심사별로 다른 서사를 배치해 설득력을 높이는 방식이다(Allcott & Gentzkow, 2017).

성공 사례와 효과

퍼스널라이제이션은 단순히 노출을 늘리는 수준을 넘어, 관련성과 일관된 경험을 통해 반응과 전환을 높이고 신뢰와 충성도를 축적하는 이중 경로로 효과를 창출한다. 특히 추천 · 타기팅의 정밀화는 메시지의 적합도를 높여 단기 성과를 끌어올리고, 접점별 맥락화와 경험의 일관성은 장기 관계 가치를 강화하는 기반이 된다 (Shankar et al., 2020).

엔터테인먼트와 콘텐츠 플랫폼에서는 협업 필터링과 하이브리드 추천이 이용자 간 유사성과 아이템 간 연관을 학습하여 맞춤 큐레이션을 제공한다. 이 과정에서 다양성과 신규성 제약을 함께 적용하면 반복 노출로 인한 피로감을 줄이면서 장기 체류 시간을 늘리는 선순환을 만든다. 개인화된 홈 화면 구성, 섬네일, 알림은 클릭과 시청 지속 시간, 재방문율을 동시에 끌어올리고, 결과적으로 이탈률을 낮추는 효과를 보인다(Ekstrand et al., 2011).

금융 분야에서는 거래 데이터, 접속 로그, 상담 이력, 생애 이벤트 신호를 통합해 세분화를 정교화하고, 집단별 니즈와 위험 허용도를 반영한 제안과 타이밍 조정을 수행한다. 이에 따라 개봉 · 클릭 · 상담 전환 등의 단기 지표뿐 아니라 유지율과 순추천지수 같은 관계 지표가 개선되며, 장기적으로는 신뢰와 충성도가 누적되는 경향을 보인다. 이러한 성과는 옴니채널 여정 관리와 설명 가능한 제안 로직, 그리고 투명한 고지로 보완될 때 더욱 안정적으로 나타난다(Shankar et al., 2020).

리테일과 이커머스에서는 제품 추천과 가격 · 프로모션 개인화에 더해 채널 · 시간대 · 빈도까지 동시 최적화를 추진한다. 해석 가능한 모델을 활용하면 클릭과 구매를 유도하는 요인을 식별해 오퍼 낭비를 줄일 수 있으며, 개인화된 카탈로그와 쿠폰, 장바구니 리마인드가 세션 전환, 객단가, 재구매 주기 단축에 기여한다. 다만 과도한 빈도는 피로와 해지로 이어질 수 있어 빈도 캡과 여정 우선순위 규칙, 상시 A/B 테스트가 필수다(Li et al., 2020).

여행과 플랫폼 산업에서는 과거 여행 이력과 검색 패

턴, 예산 같은 개인 변수에 날씨, 안전, 지역 이벤트 등 실시간 맥락 정보를 결합해 루트, 숙소, 활동을 제안한다. 일정 추천과 번들 제안은 탐색 피로를 낮추고 예약 전환과 체감 만족을 함께 높이며, 앱 알림과 이메일, 현지 메시지를 연계한 옴니채널 운영은 이러한 효과를 증폭한다. 이때 다양성 · 신규성 제약과 대체 옵션 안내를 병행하면 필터 버블과 선택 편향을 완화하면서 신뢰를 유지할 수 있다.

공공과 정치 커뮤니케이션에서도 이슈 선호에 기반한 메시지 차별화가 일반화되고 있다. 동일한 후보나 정책이라도 환경, 경제, 보건 등 관심사별로 다른 서사를 배치하면 메시지 수용과 참여율이 높아지고, 반대 논점에 대한 대응 정보를 제공함으로써 오해와 왜곡의 가능성을 낮출 수 있다. 다만 이 영역에서는 투명성과 공정성, 균형 노출이 신뢰의 핵심 전제이며, 과도한 심리 조작은 단기 효익을 얻더라도 장기적 신뢰를 훼손할 수 있음을 유념해야 한다(Allcott & Gentzkow, 2017).

성과 측정 관점에서 보면, 퍼스널라이제이션의 효과는 반응 · 전환(개봉, 클릭, 구매, 예약, 문의)과 유지 · 충성(반복 방문, 구독 유지, 이탈/해지율, NPS), 관계 · 브랜드(선호도, 신뢰도, 추천 의향, 긍정 언급 비율), 장기 가치(ARPU/LTV, 누적 리프트, 생애 주기 확장)로 다층적으로 드러난다. 신뢰할 수 있는 측정을 위해서는 A/B 및 다변량 실험, 홀드아웃 기준선, 데이터 기반 기여도 모델을 활용하고, 설명 가능한 모델로 성과의 동인—예를 들어 특정 세그먼트에서 어떤 메시지와 채널 조합이 전환을 견인했는지—을 규명해야 한다(Li et al., 2020; Shankar et al., 2020).

마지막으로 효과의 지속 가능성을 위해서는 피로감과 침해감에 대한 관리, 데이터 편향과 취약 집단 배제 위험의 점검, 버블화 경향의 완화, 목적 · 출처 · 후원 관계의 투명한 공개가 병행되어야 한다. 퍼스널라이제이션은 관련성을 높여 단기 성과를 개선하고, 일관된 경험으로 장기 관계 가치를 확장한다는 점에서 전략 커뮤니케이션의 가치 창출 메커니즘을 재구성하며, 모델-메시지-채널-거버넌스가 통합 설계될 때 그 효과가 가장 안정적으로 유지된다(Li & Wang, 2023).

PR 실행을 위한 퍼스널라이제이션 로드맵

PR 실무자가 AI 기반 퍼스널라이제이션을 조직에 안착시키려면 데이터, 모델, 거버넌스의 순서로 설계하고 실행 후 학습-개선의 순환을 구축해야 한다.

고객 데이터 통합 및 심층 분석

우선 기업 내 흩어진 고객 데이터를 단일 체계로 통합한다. 고객 관계 관리, 웹·앱 이용 로그, 소셜 상호작용, 문의 기록, 구매 이력 등 정형·비정형 데이터를 결합해 품질을 정비하고, 머신러닝 기반 분석 환경에서 행동 패턴·관심사·전환 가능성을 다차원적으로 추정한다. 이 과정에서는 개인정보 보호, 설명 가능성, 공정성 원칙을 충족해야 하며, 대규모 데이터의 재식별 위험도 함께 관리해야 한다(Adadi & Berrada, 2018; Li & Wang, 2023).

다차원적 세분화와 페르소나 구축

AI 분석 결과를 바탕으로 단순 인구 통계를 넘어 라이프스타일, 가치관, 콘텐츠 소비 행태, 사회적 태도 등 심리·행동 변수를 포함해 세분화한다. 이렇게 정의한 집단 특성을 바탕으로 직관적 페르소나를 구성하면 메시지 설계와 채널 계획의 정밀도가 높아진다(Shankar et al., 2020; Wiesenberg et al., 2017).

맞춤형 메시지 및 채널 설계

세분 집단별로 어조, 내용, 제안 가치, 노출 시점을 차별화하고, 주 이용 채널에 맞춰 형식을 최적화한다. 협업 필터링과 하이브리드 추천 같은 기법은 개인 성향을 학습해 항목 수준의 제안을 가능케 하며, 옴니채널 운영과 결합할 때 접점별 메시지-채널 조합의 효율을 끌어올린다(Ekstrand et al., 2011).

AI 기반 자동화 실행 및 실시간 상호작용

마케팅 자동화와 모델을 연동해 트리거 기반 메시지를 발송하고, 대화형 인터페이스로 질의응답과 후속 제안을 실시간 조정한다. 접점별 반응 데이터를 학습에 반영해 노출 타이밍 · 크리에이티브 · 오퍼를 지속적으로 재조정한다(Shankar & Kushwaha, 2021; Ricci et al., 2015).

성과 측정과 지속적 학습·개선

캠페인 이후에는 개봉 · 클릭 · 전환 · 이탈 · 만족도 등 주요 지표를 통합 대시보드로 추적하고, 실험과 해석 가능 모델링을 병행해 어떤 요소가 성과를 견인하는지 규명한다. 축적 데이터는 다음 사이클의 타기팅과 크리에이티브 탐색에 재투입해 정밀도를 높인다(Li et al., 2020; Shankar et al., 2020).

거버넌스와 윤리 프레임

AI 퍼스널라이제이션은 관계를 심화하는 한편, 규범적 리스크를 동반한다. 다음의 원칙을 병행해야 한다.

개인정보 보호와 투명성

처리 목적 · 범위 · 보관 기간을 명확히 고지하고 동의를 확보하며, 설명 가능성과 책임성을 확보한다. 재식별 가능성을 주기적으로 점검해 위험을 낮춘다(Adadi & Berrada, 2018; Li & Wang, 2023).

알고리즘 편향 방지

학습 데이터의 대표성과 편향을 점검하고, 취약 집단에 불리한 결과가 반복되지 않도록 사전 · 사후 검증 절차를 운영한다(Schleicher et al., 2022).

필터 버블·에코 챔버 완화

개인화와 함께 대안 관점 · 균형 정보 노출을 설계해 인지 편향의 심화를 방지한다. 추천 로직에 다양성 · 신규성 제약을 포함하거나 균형 잡힌 큐레이션을 제공한다(Li & Wang, 2023; Ricci et al., 2015).

조작 가능성 최소화와 신뢰 구축

정서적 취약점을 과도하게 자극하는 설계는 단기 효익을 낳지만 장기 신뢰를 훼손할 수 있다. 목적 · 근거 · 후원 관계를 투명하게 공개하고, 이해관계자에게 검증 가능한 정보를 제공한다(Wiesenberg et al., 2017).

결국, 실무자는 기술적 구현 능력과 함께 데이터 리터러시 · 윤리 감수성을 갖추어야 하며, 개인화가 효율성 제고를 넘어 공중과의 관계를 재설계한다는 점을 인식해야 한다(Shankar et al., 2020).

참고문헌

Adadi, A., & Berrada, M. (2018). Peeking inside the black-box: a survey on explainable artificial intelligence (XAI). *IEEE Access,* 6, pp.52138~52160. https://doi.org/10.1109/ACCESS.2018.2870053

Allcott, H. & Gentzkow, M.(2017). Social media and fake news in the 2016 election. *Journal of Economic Perspectives, 31*(2), pp.211~236. https://doi.org/10.1257/jep.31.2.211

Boerman, S. C. et al.(2017). Online behavioral advertising: A literature review and research agenda. *Journal of Advertising, 46*(3), pp.363~376. https://doi.org/10.1080/00913367.2017.1340108

Ekstrand, M. D. et al.(2011). Collaborative filtering recommender systems. *Foundations and Trends in Human-Computer Interaction, 4*(2), pp.81~173. https://doi.org/10.1561/1100000009

Li, R., & Wang, H.(2023). Ethical implications of AI-driven personalization: Balancing efficiency and fairness. *Journal of Business Ethics,* 188(2), pp.321~335. https://doi.org/10.1007/s10551-022-05187-w

Li, Z. et al.(2020). Interpretable click-through rate prediction through hierarchical attention. *Proceedings of the 13th International Conference on Web Search and Data Mining (WSDM '20),* pp.313~321. https://doi.org/10.1145/3336191.3371785

Schleicher, S. et al.(2022). Hyper-personalization in marketing: A systematic literature review and research agenda. *Journal of Business & Industrial Marketing, 37*(10), pp.2097~2115. https://doi.org/10.1108/JBIM-01-2022-0056

Shankar, V. et al.(2020). Customer engagement and firms' value creation: The new frontier. *Journal of the Academy of Marketing Science*, 48, pp.1~9. https://doi.org/10.1007/s11747-019-00681-3

Shankar, V. & Kushwaha, T.(2021). Omnichannel marketing: Are we there yet?. *Journal of the Academy of Marketing Science, 49*, pp.5~26. https://doi.org/10.1007/s11747-020-00735-w

Wiesenberg, M. et al.(2017). Big data and automation in strategic communication: Mapping the field and future challenges. *International Journal of Strategic Communication, 11*(2), pp.95~114. https://doi.org/10.1080/1553118X.2017.1294697

06

인플루언서, 소셜 미디어, AI 분석

최근 인플루언서 마케팅은 AI 기반 분석을 폭넓게 수용하고 있으며, 인플루언서의 실제 영향력 측정과 소비자 반응 예측의 정확도를 크게 높이고 있다. 이 장의 목표는 인플루언서 문화의 형성과 변화를 검토하고, 소셜 미디어 생태계에서 나타나는 담론 구조를 심층 분석하는 것이다. 나아가 이러한 현상을 효과적으로 파악 · 활용하기 위한 AI 분석 도구의 핵심 기능과 적용 방안을 구체적 전략으로 제시한다.

AI와 민주주의?

인플루언서 문화의 확산과 권력의 재편

기존의 매스 미디어 시대에는 정보의 흐름과 사회적 영향력이 대형 언론사나 유명 연예인 등 소수의 권력자들에게 압도적으로 집중되었다. 하지만 디지털 플랫폼과 소셜 미디어의 출현은 이러한 지배적인 구조를 근본적으로 뒤흔들었다. 현재는 공인으로서의 훈련이나 전문적인 과정을 겪지 않은 사람들도 특정 온라인 공간에서 수백만 명의 추종자를 모으며 강한 신뢰와 친밀감을 바탕으로 영향력을 행사하는 인플루언서들이 새로운 주역으로 떠오르고 있다. 이들은 텔레비전이나 영화 같은 전통적인 채널을 우회하고, 개인화된 채널을 통해 대중과 직접적으로 교류한다.

인플루언서와 팔로워 사이의 관계는 더 이상 단순히 팬과 유명인 간의 일방향적 구조에 머무르지 않는다. 오히려 이는 '친구' 또는 '친근한 이웃'에게서 느껴지는 정서적 유대감을 토대로 구축되는 유사 사회적 상호작용(Parasocial Interaction)으로 해석하는 것이 적절하다(Abidin, 2018). 이러한 현상은 인플루언서들이 자신의 사적인 모습과 일상 경험을 적극적으로 공개하고, 댓글이나 실시간 스트리밍을 통해 팔로워들과 끊임없이 소통하기 때문에 발생한다. 결과적으로 팔로워들은 인플루언서가 제시하는 추천을 단순한 영리적 광고가 아닌, 신뢰하는 지인의 조언처럼 수용하는 경향을 보인다.

또한 인플루언서는 뷰티, 푸드, 여행, 게임, 육아, 패션 등 다양한 관심사를 기반으로 자발적으로 형성된 '마이크로(micro) 커뮤니티'를 중심으로 활동하며 영향력을 확대한다. 이들의 콘텐츠는 소비자 행동에 직접적인 자극을 주며 경우에 따라서는 거대한 경제적 파급 효과를 낳기도 한다. 예를 들어, 한 뷰티 인플루언서가 개인적 경험을 강조하며 특정 화장품을 추천할 경우, 수십억 원의 매출액을 발생시키는 사례가 보고되기도 했다. 이에 따라 기업들은 협찬, 공동 브랜드 개발, 라이브 커머스 등 다양한 방식으로 인플루언서와 협업을 추진하고 있다(Marwick, 2015).

나아가 인플루언서들은 단순히 특정 제품을 홍보하는 것을 넘어서 자신들의 개성, 가치관, 그리고 일관된 콘텐츠 스타일을 하나의 상품처럼 가꾸고 관리한다. 결국 이들은 마치 기업처럼 자신들의 이름을 건 하나의 독립적인 브랜드로 스스로를 구축해 나가는 것이다. 이러한 과정을 통해 '진정성'과 '상업성'이 복합적으로 엮인 고유한 정체성이 탄생하며, 이는 기존의 연예 및 광고 산업 구조를 재편하는 동력이 된다. 최종적으로 인플루언서는 개인 콘텐츠 제작자, 미디어 플랫폼, 그리고 마케팅 협력자라는 다차원적인 역할을 동시에 수행하는 존재로 발전하고 있다.

AI 기반 인플루언서 분석과 활용 전략

최근 마케팅과 커뮤니케이션 연구에서 가장 중요한 추세 중 하나는 AI 기반의 인플루언서 분석이다. AI 기술은 엄청난 양의 소셜 미디어 데이터를 실시간으로 수집하고 세밀하게 분석할 수 있는 능력을 제공하며, 인플루언서의 영향력을 과거에는 불가능했던 수준으로 정량적 및 정성적으로 평가하게 만든다(Zeng et al., 2010). 궁극적으로 이러한 진보된 분석 방식은 인플루언서 마케팅의 효율과 효과를 극대화하는 데 결정적 역할을 수행한다.

첫째, 텍스트 마이닝과 자연어 처리는 댓글, 해시태그, 게시물 텍스트를 분석하여 대중의 감정적 반응을 포착한다. 이는 단순한 긍·부정 구분을 넘어 특정 주제에 대한 수용 정도, 핵심 키워드, 감성 변화 추세까지 세밀하게 보여 준다(Stieglitz, et al., 2021). 예컨대 한 제품 홍보 콘텐츠에 "비싸다"는 부정적 반응과 동시에 "디자인이 예쁘다"는 긍정적 반응이 함께 나타날 경우, AI는 이를 근거로 가격 전략 보완이나 디자인 중심 캠페인 강화와 같은 실행 방향을 제시해 준다.

둘째, 머신러닝 기반 네트워크 분석은 인플루언서 간 연결망을 시각화하여, 담론의 중심에 있는 인물, 다른 인플루언서에게 영향을 미치는 계정을 식별해 준다. 이를 통해 단순히 팔로워 수가 많은 '메가 인플루언서'뿐 아니라, 특정 분야에서 높은 신뢰도를 바탕으로 핵심적 역할을 수행하는 마이크로/나노 인플루언서 또는 키 오피니언 리더(KOL)를 발굴할 수 있다(Tuten & Solomon, 2020). 이러한 접근은 제한된 자원으로 최대한의 효과를 얻는 데 중요한 선택 기준이 된다.

셋째, 예측 분석(Predictive Analytics)은 과거 데이터를 학습해 인플루언서 협업 캠페인의 예상 도달 범위, 참여율, 전환율을 시뮬레이션한다. 예를 들어, A 인플루언서와의 협업 대비 B 인플루언서와의 협업이 더 높은 투자 수익률(ROI)을 기대할 수 있다는 분석 결과는 캠페인 전략 수립에 직접적인 의사 결정 근거가 된다. 이를 통해 불확실성을 줄이고 데이터 기반의 과학적 PR 전략을 수립할 수 있다(Kumar & Sharma, 2016).

결국 AI 기반 인플루언서 분석은 정량적 지표와 정성적 통찰을 결합해 마케팅 및 PR 전략의 정밀성과 신뢰성을 높이며, 미래 지향적 의사 결정을 가능하게 하는 핵심 도구로 자리 잡고 있다.

실용적인 인플루언서 PR 실행 가이드

AI 기반 분석을 효과적으로 활용하면 인플루언서와의 협업 관계를 한층 전략적으로 설계할 수 있으며, 이를 통해 PR 캠페인의 성과를 극대화할 수 있다. 구체적인 실행 가이드는 다음과 같다.

정밀한 인플루언서 발굴과 브랜드 적합성 평가

팔로워 수(數)만을 기준으로 인플루언서를 선정하는 것은 더 이상 의미가 없다. AI 분석 도구(예: 인플루언서 마케팅 플랫폼)를 활용하면, 콘텐츠 참여율(engagement rate), 팔로워의 인구 통계학적 특성, 브랜드 언급량, 메시지 일관성 등 다양한 지표를 종합적으로 검토할 수 있다. 이를 통해 특정 인플루언서가 브랜드 가치와 부합하는지, 팔로워가 실제 목표 오디언스와 겹치는지, 그리고 소통 방식이 브랜드의 톤 앤 매너와 일치하는지를 데이터 기반으로 평가하여 최적의 파트너를 선별할 수 있다.

협업 메시지 최적화와 스토리텔링 강화

AI의 감성 분석과 텍스트 마이닝 기술은 인플루언서가

이전에 만든 콘텐츠를 분석하여, 어떤 종류의 메시지 톤, 핵심어(키워드), 그리고 이야기 전달 방식(서사)이 팔로워들 사이에서 가장 긍정적인 반응을 유도했는지를 파악할 수 있게 해 준다(Stieglitz et al., 2021). 이러한 분석 결과를 토대로 협업 메시지를 구성하면, 브랜드의 핵심 가치를 콘텐츠에 매끄럽게 통합할 수 있으며, 인플루언서의 '진정성'을 유지하면서도 효과적인 콘텐츠를 만들 수 있다. 더 나아가 AI는 청중(오디언스)의 선호도를 반영하여 여러 메시지 초안을 제시함으로써, PR 전문가들이 독창적이고 설득력 있는 캠페인을 기획하는 데 실질적인 도움을 제공해 준다.

실시간 성과 측정과 전략 조정

캠페인 진행 과정에서 AI 분석 툴은 메시지 확산 속도, 감정 반응 변화, 브랜드 언급량, 공유율, 웹사이트 유입률 등을 실시간으로 추적한다. 이러한 데이터는 예기치 못한 문제 발생 시 신속한 메시지 수정, 성과가 저조한 부분에 대한 자원 재배치 등 전략의 유연한 조정을 가능하게 한다. 캠페인 종료 후에는 AI 기반 성과 평가 모델을 통해 투자 수익률(ROI)을 정량적으로 분석하고, 어떤 인플루언서 · 메시지 · 플랫폼이 가장 효과적이었는지를 평가할 수 있게 한다. 이러한 분석은 다음 캠페인을 위한 전략적 인사이트로 축적된다(Tuten & Solomon, 2017).

결국 인플루언서 PR는 단순한 협업을 넘어 AI 분석과 전략적 실행이 상호 결합될 때 최대의 효과를 나타내게 된다.

소셜 미디어 생태계와 담론의 흐름

인플루언서가 활동하며 영향력을 발휘하는 핵심 무대는 소셜 미디어 플랫폼이다. 유튜브, 인스타그램, 틱톡, 트위터(현재의 X), 페이스북 등은 각기 독자적인 알고리즘과 주요 이용자층을 기반으로 다양한 담론의 장을 형성한다. 이러한 플랫폼의 알고리즘은 단순히 콘텐츠를 추천하는 수준을 넘어, 사회적 의제 설정과 여론 형성 과정에 깊숙이 개입하며 강력한 영향력을 행사한다. 실제로 특정 사회 문제가 인플루언서를 통해 대중에게 제기되고 확산될 경우, 전통 언론이 이를 보도하기 전 혹은 동시에 온라인 공간에서 빠른 속도로 주류 담론으로 부상하는 사례가 빈번히 나타난다.

'미투(MeToo) 운동', '기후 위기 캠페인', '소비자 불매

운동' 등 최근 전 세계적으로 확산된 사회적 운동들은 소셜 미디어와 인플루언서가 사회 변화를 촉발하는 중요한 촉매제 역할을 했음을 보여 주는 사례들이다. 개인의 작은 목소리가 네트워크 효과를 통해 급속히 확산되고, 유사한 의견을 가진 개인들과 연결되면서 강력한 집단적 행동과 사회적 압력으로 발전하는 현상이 두드러지게 나타난다(Boyd, 2014).

AI 분석은 이러한 소셜 미디어 생태계 내 담론의 흐름을 이해하는 데 핵심적 도구로 활용된다. 텍스트, 이미지, 영상 등 다양한 형태의 콘텐츠를 종합적으로 분석하여 특정 이슈에 대한 대중 인식의 변화, 주요 주장, 그리고 감정적 반응의 기저 요인을 심층적으로 파악할 수 있다. 예를 들어, 이미지 인식 AI는 캠페인 관련 시각 자료에서 긍정적 · 부정적 요소를 추출하여 메시지 효과를 분석하고, 영상 분석 AI는 쇼트폼 콘텐츠의 확산 요인을 규명해 성공적 콘텐츠의 특징을 도출하며, 이러한 AI 기반의 심층 분석 능력은 PR 전문가가 복잡한 소셜 미디어 담론 환경을 효과적으로 이해하고 인플루언서와 협업하여 진정성 있고 영향력 있는 PR 캠페인을 기획 · 실행하는 데 결정적인 전략적 근거가 된다.

인플루언서 마케팅의 윤리적 고려 사항과 미래 전망

AI 기반의 인플루언서 마케팅은 매우 큰 잠재력을 가지고 있으나, 동시에 간과할 수 없는 중요한 윤리적 문제들을 안고 있다.

첫째, 광고 투명성 확보의 문제다. 인플루언서가 제작한 콘텐츠가 상업적 목적을 포함하고 있음에도 불구하고, 이를 소비자에게 명확하게 알리지 않을 경우, 소비자는 쉽게 오도될 수 있다. AI 분석 기술은 이처럼 '내돈내산(내 돈으로 내가 산 제품)'과 같이 교묘하게 위장된 광고를 찾아내는 데 점차 광범위하게 활용되고 있지만 PR 전문가는 단순히 법적 규제(예: '뒷광고' 규제)를 준수하는 수준을 넘어, 소비자와의 신뢰 관계를 지속적으로 유지하기 위해서는 윤리적인 투명성을 반드시 확보해야 한다.

둘째, 진정성 훼손 위험이다. AI 분석이 제시하는 최적화된 메시지에 과도하게 의존할 경우, 인플루언서 고유의 개성과 자율성이 약화될 수 있다. 이는 팔로워의 신뢰 상실과 이탈로 이어질 수 있으므로, 인플루언서는 자신의 독창적 목소리를 보완하는 도구로 AI를 활용해야 한다.

셋째, 알고리즘 편향과 필터 버블(Filter Bubble) 문제다. 소셜 미디어 플랫폼의 알고리즘은 특정 유형의 콘텐츠와 인플루언서를 반복적으로 노출시킴으로써 공중의 다양한 정보 소비를 제한하고 사회적 담론을 왜곡시킬 수 있다. 따라서 PR 전문가는 AI를 활용한 인플루언서 선정과 캠페인 기획 과정에서 AI의 이러한 문제점을 충분히 고려해야 한다.

향후 인플루언서 PR는 AI의 발전과 함께 한층 고도화될 것으로 보인다. 일례로 가상 인플루언서(Virtual Influencer)의 부상은 현실과 가상의 경계를 모호하게 만들고, 이들의 영향력을 분석하기 위해서는 표정, 음성, 톤 등 비언어적 데이터 분석이 필요해지는 등 매우 복합적인 AI 기술이 활용될 것이다. 또한 AI는 인플루언서 마케팅의 전 과정을 자동화하여 초개인화된 콘텐츠 제작, 효율적 배포, 실시간 성과 측정 및 피드백을 가능하게 할 것으로 보인다.

그러나 이러한 AI 환경하에서 PR 전문가의 역할은 오히려 더욱 중요해질 것으로 전망된다. AI가 제공하는 데이터를 비판적으로 해석하고, 윤리적 판단을 내리며, 인플루언서와 팔로워 간의 진정성 있는 관계를 구축하는 것은 여전히 인간 전문가의 몫이다. 결국 AI는 인플루언서 PR의 강력한 조력자가 될 수 있으나, 인간과 인간 사이의 신뢰를 형성 · 관리하는 최종적 책임은 인간 자신에게 남을 것이다.

참고문헌

Abidin, C.(2018). *Internet celebrity: Understanding fame online.* Emerald Publishing.

Boyd, D.(2014). *It's complicated: The social lives of networked teens.* Yale University Press.

Kumar, P., & Sharma, M.(2016). Predicting the success of influencer marketing: A data-driven approach. *Journal of Interactive Marketing,* 36, pp.11~25. https://doi.org/10.1016/j.intmar.2016.03.003

Marwick, A. E.(2015). Instafame: Luxury selfies in the attention economy. *Public Culture,* 27(1), pp.137~160. https://doi.org/10.1215/08992363-2835593

Stieglitz, S. et al.(2021). Social media analytics and artificial intelligence: Opportunities and challenges for crisis communication. *Journal of Communication Management, 25*(4), pp.381~397. https://doi.org/10.1108/JCOM-06-2021-0082

Tuten, T. L. & Solomon, M. R.(2017). *Social Media Marketing* (3rd ed.). Sage.

Zeng, D. et al.(2010). Social media analytics and intelligence. *IEEE Intelligent Systems, 25*(6), pp.13~16. https://doi.org/10.1109/MIS.2010.111

07
AI 시대의 PR 윤리와 투명성

AI는 오늘날 PR 혁신을 견인하는 핵심 기술이다. 동시에 정보의 불투명성, 개인정보의 부적절한 활용, 알고리즘 편향과 같은 윤리 위험이 상존한다. 특히 생성형 AI에 의한 콘텐츠 자동화, 데이터 중심의 타깃 커뮤니케이션, 인플루언서 협업 과정에서는 투명성 결핍과 조작 가능성이 공중 신뢰를 약화시킬 소지가 크다. 이 장은 AI 활용 PR가 직면한 주요 윤리 쟁점을 체계화하고, 투명성 확보 장치와 책임 있는 실행 원칙을 제시한다.

AI와 애니메이션?

AI 활용 PR에서의 윤리적 쟁점: 효율성 너머의 그림자

AI가 도입된 PR 환경은 과거와 비교할 수 없을 만큼 정교하고 빠르게 진화하고 있다. 대규모 데이터를 실시간으로 분석해 세분화된 공중을 타기팅하고, 알고리즘을 통해 자동으로 콘텐츠를 생성하며, 개별 소비자의 성향에 맞춘 메시지를 전달하는 일은 이미 일반적인 것이 되었다.

이러한 변화는 PR의 효율성과 생산성을 획기적으로 높였지만, 동시에 '효율성의 이면'에 감춰진 윤리적 문제를 노출시켰다. 기술적 성취가 곧 사회적 신뢰나 도덕적 정당성을 보장하지는 않으며, AI의 활용은 오히려 PR의 근본 가치인 진실성과 공공성, 투명성을 시험대 위에 올려놓고 있다(Mittelstadt et al., 2016).

정보 출처의 불투명성과 진실성의 위기

생성형(generative) AI는 인간이 쓴 것과 구분하기 어려운 수준의 텍스트를 생산할 수 있다. 하지만 이러한 자동생성 콘텐츠가 출처를 명시하지 않은 채 확산될 경우, 수용자는 정보의 진정한 생산자를 인식하기 어렵다. 이는 단순한 기술 문제가 아니라 정보의 진실성과 신뢰성이라는 PR의 핵심 가치와 직결된다(Diakopoulos, 2019).

AI가 작성한 콘텐츠에 출처 표기가 생략되거나 알고리즘이 특정 정보만 선택적으로 노출시킬 때, 공중은 메시지의 객관성을 신뢰하지 않을 가능성이 커진다. 결과적으로 저작권 주체의 불명확성, 사실 검증의 어려움, 그리고 '진짜처럼 보이는 허위 정보'가 사회 전반에 확산될 가능성이 높아진다(O'Neil, 2016).

실제 사례로, 2023년 미국 경제 전문 매체 CNET은 AI가 작성한 재정 관련 기사를 인간 기자의 이름으로 게시했다가 여러 사실 오류가 발견되면서 기사의 신뢰성 논란을 일으켰다. 이러한 사례는 PR 영역에서 AI 활용의 투명성이 확보되지 않을 경우, 조직의 평판이 얼마나 빠르게 무너질 수 있는지를 보여 준다.

개인정보 침해와 조작의 위험

AI 기반 PR의 강점은 방대한 데이터를 바탕으로 한 정밀한 타기팅이다. 그러나 이러한 데이터 활용은 개인의 프라이버시와 자율성을 위협할 수 있다(Barocas & Selbst, 2016). AI는 이용자의 검색 기록, 소비 패턴, 위치 정보, 심지어 감정 상태까지 분석해 설득 전략을 세운다. 이 과정에서 개인은 자신도 모르게 '감시의 대상'이 되거나,

특정 방향으로 행동이 유도될 수 있는 문제점이 있다.

정치 캠페인에서 AI 분석이 유권자의 감정과 불안 심리를 조장하는 사례는 대표적인 위험 사례다. '캠브리지 애널리티카' 스캔들은 페이스북 이용자의 데이터를 무단 수집해 정치적 메시지를 맞춤형으로 노출시킴으로써 여론을 조작한 사건인데 빅데이터가 민주주의를 위협할 수 있음을 보여 주었다(Tufekci, 2014).

이러한 사례는 PR의 설득 기능이 '정보 제공'의 단계를 넘어, 인간의 인지와 감정 구조 자체를 조작할 가능성이 있음을 시사한다. 데이터의 불투명한 수집과 활용은 결국 공중과의 신뢰 기반을 약화시키며, AI 기술이 윤리적 가이드라인 없이 활용될 경우 PR의 본질이 흔들릴 수 있음을 경고한다(O'Neil, 2016).

알고리즘 편향과 차별의 재생산

AI 알고리즘은 인간이 만든 데이터로 학습하기 때문에, 그 안에 내재된 편견을 그대로 반영하거나 심화시킬 수 있다(Buolamwini & Gebru, 2018). 예컨대, 과거 데이터에 남성 중심적 직업 정보가 과도하게 포함되어 있다면, AI는 여성보다 남성을 특정 직종의 적합 인물로 더 자주 분류할 수 있다. 이는 PR 캠페인의 타깃 선정이나 메시지 설계 과정에서도 성별, 인종, 계층에 따른 불평등을 재생산할 위험이 있음을 의미한다(Mittelstadt et al., 2016).

특히 PR 알고리즘이 특정 지역이나 사회적 약자를 소외시키는 방향으로 작동할 경우, 이는 단순한 기술적 결함을 넘어 조직의 사회적 책임 문제로 발전할 수 있다. AI 기반 커뮤니케이션의 편향은 PR의 공공적 정당성에 직접적인 손상을 입히며, 장기적으로는 브랜드 신뢰와 명성을 훼손시킬 수도 있다(Diakopoulos, 2019).

이 때문에 PR 전문가들은 데이터 수집 단계에서부터 알고리즘 설계, 결과 검증에 이르기까지 전 과정에서 공정성과 투명성을 확보해야 한다. 또한 단순한 법적 규제 준수에 머무르지 않고, AI 시스템이 사회적 불평등을 강화하지 않도록 지속적인 윤리적 점검 체계를 마련해야 한다(Barocas & Selbst, 2016).

AI의 활용은 PR의 효율성을 비약적으로 높였지만, 동시에 인간의 판단력과 도덕적 감수성을 시험하고 있다. 정보의 진실성, 데이터의 윤리적 활용, 알고리즘의 공정성이라는 세 축은 이제 PR 실무자들이 기술보다 앞서 고민해야 할 핵심 윤리 기준이 되었다. AI를 통한 커뮤니케이션 혁신이 지속 가능하려면 투명성과 책임, 그리고 인간 중심의 윤리적 성찰이 반드시 병행되어야 한다(Mittelstadt et al., 2016; O'Neil, 2016).

투명성 확보와 책임 소재의 명확화: 윤리적 PR의 초석

AI 기반 PR 활동에서 가장 중요한 윤리적 원칙은 '투명성(Transparency)'이다. 이는 조직이 공중과 맺는 신뢰의 기초이자 모든 PR 행위의 정당성을 담보하는 핵심 요소다. 투명성은 크게 AI 개입의 명확한 고지와 데이터 활용 과정의 공개성이라는 두 가지 축으로 구분된다.

첫째, AI 개입 여부의 명시성이다. 보도 자료, 소셜 미디어 게시물, 기업 블로그 콘텐츠, 자동 응답형 챗봇 등에서 AI가 작성 또는 보조 역할을 한 경우, 그 사실을 명확히 밝혀야 한다. 단순히 'AI 기술을 활용했다'는 선언적 문구에 그칠 것이 아니라, 구체적으로 어떤 부분이 자동 생성되었는지를 명시할 필요가 있다. 최근 유럽연합(EU)은 「AI Act」를 통해 생성형 AI가 생산한 콘텐츠의 출처를 의무적으로 표시하도록 규정하고 있다. 이는 단순한 기술 규제가 아니라 이용자의 알 권리를 보장하고 정보 신뢰성을 유지하기 위한 사회적 장치로 작용한다(Mittelstadt et al., 2016; O'Neil, 2016).

둘째, 데이터 활용의 투명성이다. AI 기반 PR 캠페인은 대량의 데이터를 수집·분석하여 전략을 설계한다. 그러나 데이터의 출처와 사용 목적이 불명확하면, 수용자는 자신이 감시당하고 있다는 불안감과 불신을 느낄 수 있다. 실제로 Buolamwini와 Gebru(2018)는 인공지능 분석 과정에서 데이터 편향이 심화될 경우 특정 집단에 대한 차별이 발생할 수 있음을 지적하였다. 따라서 조직은 데이터의 수집 범위, 분석 방식, 활용 목적을 명확히 공개하고, 개인이 자신의 정보 제공 여부를 선택할 수 있는 체계를 마련해야 한다.

이 과정에서 데이터 거버넌스 체계를 확립하고, 개인정보보호법(GDPR 등)을 엄격히 준수하는 것은 선택이 아닌 필수적 요소다. Barocas와 Selbst(2016)가 지적했듯이, 데이터 활용 과정에서 불평등한 영향(disparate impact)이 발생하지 않도록 관리하는 것은 기술적 조치가 아닌 윤리적 의무다. 나아가 Diakopoulos(2019)는 자동화된 뉴스 생산과 알고리즘 의사 결정이 미디어 신뢰에 미치는 영향을 분석하면서, 투명성 확보가 공중의 신뢰 회복에 결정적인 역할을 한다고 강조했다.

결국 AI PR 시대의 윤리적 정당성은 기술적 완성도보다도 얼마나 공정하고 투명하게 정보를 다루는가에 달려 있다. 데이터 활용과 알고리즘 개입의 전 과정을 명시적으로 공개하고, 책임 주체를 명확히 하는 것이야말로 AI 시대 PR가 공적 신뢰를 회복하는 길이다.

책임성과 인간의 개입: 'Human-in-the-Loop'의 중요성

AI 기술이 PR 영역에서 광범위하게 활용되는 오늘날, 윤리와 투명성을 실질적으로 보장하기 위한 출발점은 '책임의 귀속'을 명확히 하는 것이다. 인공지능이 작성한 보도 자료나 자동 생성된 캠페인 메시지에 오류나 편향이 포함될 경우, 그 책임은 알고리즘이 아니라 이를 채택·배포한 인간 주체에게 귀속되어야 한다. 이는 AI가 수행하는 모든 PR 프로세스의 마지막 단계에서 반드시 인간의 판단이 개입해야 함을 의미하며, 이러한 원칙이 바로 'Human-in-the-Loop(HITL)'의 핵심이다.

AI는 빠른 데이터 분석과 효율적 콘텐츠 생산을 가능하게 하지만, PR의 궁극적인 목표는 기술적 완성보다 사회적 신뢰 형성에 있다. 따라서 알고리즘이 제시한 결과를 그대로 수용하기보다 인간 전문가가 그 의미를 해석하고 편향 가능성을 검증하며 윤리적 기준에 따라 수정·보완하는 절차가 필요하다. 이는 Diakopoulos(2019)가

언급한 "자동화된 의사 결정의 투명성 확보를 위한 인간의 해석적 개입"과 일맥상통한다. AI가 제공한 초안을 인간 PR 전문가가 재검토하고, 데이터 기반 타깃 분석 결과 또한 조직의 가치 기준에 맞게 재조정하는 방식이 가장 바람직하다.

이러한 '보조적 AI 활용 구조'는 인간을 기술의 종속자가 아니라 윤리적 감독자(Ethical Steward)로 역할하도록 하는 것이다. O'Neil(2016)은 자동화가 사회적 불평등을 심화시킬 수 있음을 경고하며, 기술 사용의 궁극적 책임은 인간의 통제와 판단에 있음을 강조했다. 따라서 PR 담당자는 단순한 기술 운영자가 아니라 AI 결과의 사회적 파급력을 고려하는 윤리적 의사 결정자로서의 역할을 수행해야 한다.

더 나아가 조직 차원에서는 AI 활용에 대한 명문화된 윤리 가이드라인을 마련해야 한다. 해당 문서에는 데이터 프라이버시 보호, 알고리즘의 공정성 검토, 콘텐츠 생성 과정의 투명성 확보 등의 원칙이 포함되어야 한다. Barocas와 Selbst(2016)가 연구에서 밝힌 것처럼, 데이터 활용의 불평등한 영향(disparate impact)을 예방하기 위해서는 제도적 장치가 필수적이다. 또한 구글이나 마이크로소프트가 도입한 AI 윤리 헌장(AI Ethics Charter)

처럼 정기적 교육과 내부 심의 절차를 통해 실무자들이 이러한 원칙을 실제 업무에 반영할 수 있도록 해야 한다.

결국 AI PR의 윤리적 정당성은 기술의 자율성이 아니라 인간의 책임성과 통제에서 비롯된다. 'Human-in-the-Loop' 원칙은 단순한 운영 절차가 아니라 인간이 여전히 의사 결정의 중심에 있음을 확인하는 윤리적 선언이자 PR의 신뢰를 유지하기 위한 마지막 방어선이다.

공중 신뢰 회복을 위한 전략과 미래 PR 전문가의 역할

AI가 관여한 PR 활동에서 드러나는 윤리적 문제는 단순한 기술적 오류가 아니라 조직과 공중 사이의 신뢰 구조를 위협하는 핵심 요인이다. 따라서 PR 분야는 단순히 법적 의무를 준수하는 차원을 넘어, 신뢰의 회복과 윤리적 책임을 중심으로 한 전략적 전환이 필요하다.

첫째, 투명하고 진정성 있는 스토리텔링 전략이 요구된다. AI 활용 사실을 은폐하기보다 이를 조직의 윤리적 책임과 혁신적 가치로 전환하여 공감 있게 표현하는 것이다. 즉, "우리 조직은 AI 기술을 통해 효율적 서비스를 제공하지만, 모든 메시지는 인간 전문가의 검토를 거쳐 윤리적 판단과 감수성을 반영합니다"와 같이 커뮤니케이션의 전 과정에서 인간의 개입을 명확히 알리는 방식이다. 이는 Diakopoulos(2019)가 제시한 '알고리즘 투명성(algorithmic transparency)' 개념과 일맥상통하며, 공중의 불안을 완화하고 신뢰를 강화하는 효과를 가진다. AI의 효율성과 인간의 윤리적 책임이 균형을 이룰 때, 기술 활용 자체가 신뢰 자산으로 전환될 수 있다.

둘째, 공중 참여를 확대하고 상호적 피드백 구조를 제도화해야 한다. AI 기반 PR 캠페인 기획 및 콘텐츠 설계 단계에서 수용자의 의견을 정기적으로 반영하는 참여적 모델이 중요하다. 온라인 토론, 시민 패널, 실시간 피드백 플랫폼 등을 통해 "AI 생성 메시지가 실제로 어떻게 인식되는가"를 주기적으로 점검하고 수정할 수 있어야 한다. 이러한 참여 구조는 단순한 여론조사와 달리, 공중이 AI PR의 공동 설계자(co-designer)로서 기능하도록 한다. 이는 Buolamwini와 Gebru(2018)가 강조한 '포용적 설계(inclusive design)'의 원칙을 PR 영역에 적용하는 시도로, 기술과 사회의 간극을 좁히는 중요한 수단이다.

셋째, 외부 감시 및 학계 · 시민 사회와의 협력 메커니즘 구축이 필요하다. 내부 윤리 규정만으로는 공중의 신뢰를 완전히 회복하기 어렵다. 따라서 시민 단체, 언론,

연구 기관 등 독립된 주체들과의 협력 네트워크를 통해 PR 활동의 윤리적 타당성을 정기적으로 검증받아야 한다. 이는 Mittelstadt et al.(2016)이 제시한 "알고리즘 거버넌스(algorithmic governance)" 개념을 현실에 적용한 사례로, 단일 조직의 자율 규제를 넘어 다자적 감시 체계를 구축하는 방향이다. 이러한 거버넌스형 PR 윤리 체계는 투명성과 신뢰성 확보의 핵심 기반이 될 것이다.

결국 AI 시대의 PR 전문가에게 요구되는 핵심 역량은 기술적 능력보다 윤리적 통찰력과 책임 의식이다. 오닐(O'Neil, 2016)이 경고했듯, 데이터 기반 의사 결정은 편향과 불평등을 심화시킬 수 있으며, 이를 통제할 유일한 장치는 인간의 비판적 사고라 할 수 있다. 미래의 PR 실무자는 AI의 기술적 조력자이자, 동시에 공중과의 관계를 지켜내는 윤리적 조정자(ethical mediator)로서의 역할을 수행해야 한다.

AI PR의 궁극적 목표는 단순한 효율성 향상이 아니라, 기술 속에서도 인간적 가치와 신뢰의 원칙을 지켜내는 것이다. 신뢰받는 PR는 기술이 아닌 윤리에서 비롯되며, 인간의 책임 있는 개입이 바로 그 신뢰의 출발점이라 할 수 있다.

참고문헌

Barocas, S. & Selbst, A. D.(2016). Big data's disparate impact. *California Law Review, 104*(3), pp.671~732.

Buolamwini, J. & Gebru, T.(2018). Gender shades: Intersectional accuracy disparities in commercial gender classification. *Proceedings of Machine Learning Research, 81*, pp.77~91.

Diakopoulos, N.(2019). *Automating the news: How algorithms are rewriting the media.* Harvard University Press.

Mittelstadt, B. D. et al.(2016). The ethics of algorithms: Mapping the debate. *Big Data & Society, 3*(2), pp.1~21.

O'Neil, C.(2016). *Weapons of math destruction: How big data increases inequality and threatens democracy.* Crown.

08
ESG 커뮤니케이션과 AI

ESG는 기업의 지속 가능성과 책임 경영을 가늠하는 핵심 잣대로 자리했다. AI의 고도화는 ESG 커뮤니케이션의 범위와 방식 모두를 확장하고 있다. 방대한 데이터를 분석해 공시 · 보고의 신뢰도를 높이고, 이해관계자별로 차별화된 메시지를 제공하여 투명한 소통을 지원한다. 아울러 ESG 관련 이슈를 실시간으로 탐지하고 대응하는 기능도 강화되고 있다. 이 장은 이러한 변화가 기업 커뮤니케이션 혁신과 ESG 실천의 진정성 제고에 어떤 영향을 미치는지 분석한다.

AI와 인재 채용?

ESG 담론과 커뮤니케이션의 변화

ESG는 단순히 기업의 재무적 성과를 넘어 환경(Environmental) 보호, 사회(Social)적 책임, 투명한 지배 구조(Governance) 확립을 통합적으로 고려하는 지속 가능한 경영의 새로운 패러다임으로 자리 잡고 있다. 이는 기업의 장기적인 가치와 리스크 관리 역량을 평가하는 핵심 지표로, 과거의 CSR(기업의 사회적 책임)보다 훨씬 구조적이고 측정 가능한 체계를 갖춘다. 과거 CSR가 자선 활동이나 윤리 경영을 통해 기업 이미지를 간접적으로 관리했다면, ESG는 정량적 데이터와 객관적 지표를 기반으로 이해관계자(투자자, 소비자, 규제 기관 등)와의 신뢰를 직접적으로 구축하는 전략적 커뮤니케이션 모델로 발전했다(Schimanski et al., 2024).

이러한 변화 속에서 AI는 ESG 커뮤니케이션의 핵심 동력으로 부상하고 있다. 특히 AI는 방대한 데이터를 수집 · 분석 · 구조화함으로써, 기업이 환경 성과(예: 탄소 배출량, 에너지 효율성), 사회적 영향(예: 인권, 다양성, 지역 사회 기여), 지배 구조 투명성(예: 이사회 독립성, 윤리 경영 체계) 등을 종합적으로 측정하고 실시간으로 보고할 수 있게 해 준다(Li et al., 2025).

특히 자연어 처리 기술은 기업의 지속 가능성 보고서,

공시 자료, 뉴스, SNS 데이터를 분석하여 모호하거나 과장된 표현을 식별하고, 이를 외부의 객관적 데이터와 비교하여 정보의 진정성과 신뢰성을 검증한다(Yu et al., 2024). 이러한 기술적 검증은 ESG 커뮤니케이션의 진정성을 강화하고, '그린 워싱'이나 '소셜 워싱'과 같은 과장된 홍보를 사전에 차단하는 역할을 한다.

또한 AI는 규제 변화나 국제 ESG 기준의 변동을 실시간으로 감지 · 분석하여, 기업이 선제적으로 커뮤니케이션 전략을 수정하거나 공시 체계를 강화하도록 지원해 준다(Khan et al., 2025). 예컨대 Decision Support Systems 저널의 연구(Andersen et al., 2024)는 AI 기반 ESG 텍스트 분석 도구가 공시 품질을 향상시키고, 이해관계자와의 정보 비대칭을 완화하는 데 효과적임을 보여 준다.

더 나아가 AI는 단순한 데이터 분석 도구를 넘어 기업의 ESG 스토리텔링 구조 자체를 재구성하는 역할을 수행한다. AI는 다양한 언어와 문화권에서 ESG 메시지를 일관되게 번역하고, 투자자나 소비자 유형에 따라 맞춤형 커뮤니케이션을 제공한다(Giudici & Wu, 2025). 이는 ESG 보고서가 단순한 의무적 문서에서 벗어나, 기업의 지속 가능한 비전과 철학을 설득력 있게 전달하는 커뮤니케이션 매개체로 진화하고 있음을 의미한다.

결국 AI는 ESG 커뮤니케이션의 효율성과 투명성을 높일 뿐 아니라, 기업과 사회 간의 신뢰 생태계를 재구축하는 중심축이 되고 있다. ESG의 본질이 '측정 가능한 진정성'으로 이동하는 지금, AI는 단순한 기술적 도구가 아니라 지속 가능한 미래를 설계하는 윤리적 파트너로서 그 역할을 확장하고 있다(Nyman & Laine, 2022).

AI를 통한 ESG 데이터 분석과 보고

기업의 ESG 성과는 환경, 사회, 그리고 지배 구조라는 세 가지 축을 중심으로 수많은 정량적 · 정성적 지표를 포함한다. 과거에는 이 방대한 데이터를 수집하고 검증하며 보고서로 정리하는 과정이 대부분 인력에 의존해 진행되었다. 이러한 수작업 중심의 방식은 시간과 비용이 과도하게 소모될 뿐만 아니라, 데이터 누락이나 오류 가능성을 높여 결과적으로 ESG 보고의 신뢰도를 떨어뜨리는 원인이 되었다. 특히 여러 부서와 협력 업체에서 수집되는 정보가 일관되지 않아, 기업 전체의 ESG 성과를 통합적으로 파악하기 어려운 구조적 한계가 존재했다.

하지만 AI의 도입은 이러한 전통적 한계를 근본적으로 변화시켰다. AI는 방대한 양의 데이터를 자동으로 수집 · 정제하고, 비정형 데이터까지 분석 가능하게 함으로써 ESG 데이터 관리의 정확성, 투명성, 신속성을 모두 향상시켰다. 예를 들어, AI 알고리즘은 공급망 전반의 데이터를 실시간으로 분석하여 각 단계의 탄소 배출량(Scope 1 · 2 · 3), 에너지 사용량, 폐기물 처리량, 수자원 활용률 등 다양한 환경 지표를 자동 계산하고 시각화할 수 있다. 또한 협력 업체의 노동 조건, 인권 침해 사례, 지역 사회 기여도와 같은 사회적 요소도 AI 기반 텍스트 마이닝과 감성 분석을 통해 수치화할 수 있다. 이처럼 AI 기반 ESG 데이터 플랫폼은 글로벌 제조 기업이 이를 통해 연간 지속 가능성 보고서 작성 주기를 단축하고, 투자자 및 소비자에게 ESG 성과를 실시간 · 투명하게 공개할 수 있게 된다(Li et al., 2025).

AI의 도입은 단순히 보고 효율성을 높이는 데 그치지 않는다. ESG 데이터의 실시간 분석을 통해 기업은 위험 요인을 조기에 식별하고, 규제나 사회적 요구 변화에 신속히 대응할 수 있다. 예를 들어, 탄소 배출량이 일정 수준을 초과할 경우 AI는 즉시 경고 신호를 보내고, 정책 수정이나 추가 감축 전략을 제안해 준다. 이러한 기능은 ESG 경영을 정적 보고 중심에서 동적 모니터링 체계로 전환시키는 핵심 요인으로 작용한다.

더 나아가 AI는 이해관계자 맞춤형 ESG 커뮤니케이션을 가능하게 해 준다. 이해관계자마다 관심사와 정보 요구가 다르기 때문에 각 집단에 차별적인 ESG 커뮤니케이션을 해야 한다. 또 투자자는 ESG 지표가 기업 가치나 리스크 관리에 미치는 영향을 중시하며, 친환경 기술 투자나 기후 리스크 대응 능력에 높은 관심을 보인다. 반면, 소비자는 친환경 제품 정책이나 사회 공헌 활동 등 일상적 체감이 가능한 요소를 우선적으로 평가한다. 규제 당국은 법규 준수 여부, 공시의 투명성, 데이터 신뢰성에 초점을 맞춘다. AI는 이러한 다양한 요구를 분석해 각 집단의 정보 소비 패턴에 맞춘 맞춤형 보고서를 자동 생성해 준다(Richardson & Cragg, 2021).

예를 들어, 투자자용 보고서에는 ESG 요소가 재무 성과에 미친 구체적 영향이 강조되고, 소비자용 자료에는 친환경 제품 라인과 사회적 가치 창출 사례가 시각적으로 제시된다. 이러한 맞춤형 ESG 커뮤니케이션은 복잡한 데이터를 각 이해관계자의 언어와 관심사로 재구성함으로써 메시지의 전달력과 설득력을 높인다. 결과적으로 기업은 대중의 신뢰를 강화하고, 장기적 관계 형성과 브랜드 평판 제고라는 전략적 효과를 동시에 얻을 수 있다.

요컨대 AI는 단순한 데이터 분석 도구를 넘어, ESG 경영의 핵심 인프라로 자리 잡고 있다. 자동화된 분석과 보고 체계는 기업의 투명성을 강화하고, 사회적 신뢰를 확보하는 중요한 기반이 된다. 향후 AI 기술의 고도화는 ESG 평가의 객관성을 한층 높이고 지속 가능한 기업 생태계 구축을 위한 새로운 표준으로 발전할 가능성이 크다.

AI 기반 ESG 커뮤니케이션의 전략적 활용과 실행 방안

AI 기반 ESG 커뮤니케이션은 단순히 데이터를 자동으로 수집하고 보고하는 기술적 기능을 넘어, 기업의 지속 가능 경영 전략과 조직의 평판 관리 체계 전반을 혁신할 수 있는 핵심 수단으로 발전하고 있다. 이는 ESG를 기업의 '사회적 책임' 차원이 아닌 경영의 중심축으로 전환시키는 과정에서 AI가 수행할 수 있는 전략적 역할을 구체화한다는 점에서 의미가 크다. 기업이 장기적인 신뢰와 경쟁력을 확보하기 위해서는 AI를 단순한 기술 도입 수준이 아니라 ESG 경영의 통합적 실행 프레임워크로 설계하고 운영해야 한다. 이를 위한 구체적인 실행 방안은 다음과 같다.

AI 기반 ESG 데이터 관리 시스템 구축

기업은 AI 기반의 통합 ESG 데이터 관리 플랫폼을 구축하여 환경 · 사회 · 지배 구조 영역의 모든 데이터를 유기적으로 통합해야 한다.

이 시스템은 에너지 사용량, 온실 가스 배출량, 수자원 및 폐기물 관리 현황 등 환경적 데이터뿐 아니라 직원 만족도, 다양성과 포용성 지표, 산업 안전 사고율, 인권 침해 사례 등 사회적 데이터를 포함한다. 또한 이사회 구성의 다양성, 윤리 규정 준수율, 내부 통제 체계 등 지배 구조 관련 지표도 실시간으로 수집된다.

AI는 이러한 다양한 데이터를 자동으로 정제하고 상호 비교함으로써, 기존 수작업 방식의 비효율성을 제거한다. 수많은 부서와 외부 협력사로부터 발생하는 데이터를 통합 관리함으로써, 정보의 일관성과 검증 가능성이 확보된다. 나아가 AI 분석 결과를 시각화해 경영진이 ESG 위험 요인과 성과를 즉시 파악할 수 있도록 지원함으로써 ESG 관리의 투명성과 대응 속도를 비약적으로 향상시켜 준다.

자동화된 ESG 보고서 및 공시 자료 생성:

AI, 특히 생성형 AI(Generative AI) 기술은 ESG 보고서

작성의 패러다임을 완전히 바꾸고 있다. 이전에는 보고서 초안을 구성하고 데이터를 정리하는 데 수주에서 수개월이 걸렸지만, AI는 GRI, SASB, TCFD 등 국제 공시 기준에 맞춘 보고서 초안을 자동으로 생성할 수 있게 해준다.

AI는 방대한 ESG 데이터를 분석해 주요 성과 지표를 도출하고, 각 섹션에 적합한 설명 문장과 그래프·차트를 자동 배치한다. 이 과정에서 데이터의 오류를 실시간으로 검증하여 보고의 신뢰성을 높이고, 기업의 커뮤니케이션 담당자는 AI가 생성한 초안을 바탕으로 스토리텔링 요소와 윤리적 맥락을 강화하는 데 집중할 수 있다.

결과적으로 보고서 작성에 필요한 시간과 인력은 크게 절감되고, 데이터의 일관성 및 정확성은 한층 높아지게 된다. 이는 ESG 공시의 품질을 개선함과 동시에, 대중에게 신속하고 투명한 정보 제공을 가능하게 하는 혁신적 변화라 할 수 있다.

AI 기반 ESG 위기 예측 및 실시간 모니터링

AI는 단순한 데이터 분석을 넘어, 위기관리의 선제적 도구로 활용될 수 있다. AI 기반 소셜 리스닝(Social Listening) 시스템은 온라인상의 ESG 관련 대화, 기사,

게시글을 실시간으로 모니터링하여 부정적 여론의 확산을 조기에 감지할 수 있게 해 준다.

예를 들어, 공급망 내 인권 침해나 환경 오염, 비윤리적 지배 구조 논란과 같은 이슈가 소셜 미디어에서 급증하는 경우, AI는 이를 즉각 인식하고 경보를 발송한다. PR 담당자는 이러한 데이터를 바탕으로 사전 대응 전략을 마련할 수 있으며, 위기가 실제로 발생하기 전에 신속한 커뮤니케이션으로 리스크를 완화할 수 있다(Lee et al., 2020).

이처럼 AI는 위기 대응의 패러다임을 '사후적 반응'에서 '사전적 예방'으로 전환시켜 준다. 기업은 이를 통해 ESG와 관련된 평판 리스크(Reputation Risk)를 효과적으로 관리하며 사회적 신뢰를 유지할 수 있게 된다.

초개인화된 ESG 캠페인 및 메시지 전달

AI의 정교한 데이터 분석 능력은 ESG 커뮤니케이션을 초개인화 수준으로 발전시킨다. AI는 소비자와 이해관계자의 행동 패턴, 가치관, 관심사 데이터를 분석하여 각 그룹에 최적화된 메시지를 보낼 수 있도록 설계해 준다.

예를 들어, MZ 세대에게는 지속 가능 패션, 친환경 라이프 스타일, 사회적 기업가 정신을 주제로 한 참여형

SNS 캠페인을 전개할 수 있다. 반면, 기관 투자자에게는 탄소 중립 로드맵, 재생 에너지 투자 실적, 투명한 거버넌스 체계 등 실질적 성과 지표를 강조한 전문 리포트나 웨비나(Webinar)를 제공한다. 이러한 맞춤형 접근은 ESG 메시지의 수용도를 높이고, 각 이해관계자들의 감정적 공감과 실질적 참여를 유도하여, 기업의 지속 가능성에 대한 신뢰를 공고히 한다.

데이터 기반 ESG 스토리텔링 강화

마지막으로, AI를 통해 얻은 데이터와 인사이트를 기반으로 한 스토리텔링 강화가 필요하다. AI 분석 결과는 단순히 수치를 나열하는 데 그치지 않고, 그 뒤에 숨은 인간적 노력과 기술 혁신의 의미를 드러내는 데 활용되어야 한다.

예를 들어, 탄소 저감 목표를 달성하기 위해 노력한 직원들의 이야기, 사회적 기업과의 협업 사례, 지역 사회의 긍정적 변화 등을 감성적 내러티브로 구성할 수 있다.

AI는 이러한 스토리를 뒷받침하는 이미지, 동영상, 인포그래픽 등 멀티미디어 콘텐츠를 자동 추천하여 커뮤니케이션의 몰입도를 높여 준다. 이를 통해 기업은 단순히 'ESG를 잘하는 회사'가 아니라 사회적 책임과 혁신을 동시에 실현하는 신뢰받는 브랜드로 자리 잡을 수 있다 (Park & Kim, 2023).

AI 기반 ESG 커뮤니케이션은 기술적 효율성에 머무르지 않는다. 데이터 관리, 위기 대응, 캠페인 설계, 그리고 스토리텔링에 이르기까지 기업의 지속 가능 전략을 전방위로 지원하는 핵심 체계로 진화하고 있다. 앞으로 AI 기술이 더욱 정교해질수록 ESG 커뮤니케이션은 정량적 보고 중심에서 감성적 신뢰 기반으로 이동하며, 기업과 사회를 연결하는 새로운 언어로 자리 잡게 될 것이다.

참고문헌

Andersen, M. L. et al.(2023). Selecting textual analysis tools to classify sustainability information. *Decision Support Systems, 174*, 114028. https://doi.org/10.1016/j.dss.2023.114028

Giudici, P. & Wu, K.(2025). Sustainable artificial intelligence in finance: Impact of ESG factors. *Frontiers in Artificial Intelligence, 8*, 1566197. https://doi.org/10.3389/frai.2024.1566197

Khan, M. et al.(2025). Enhancing ESG disclosure through AI adoption: The moderating role of corporate governance. *Applied Economics,* 56(61), pp.7247~7263. https://doi.org/10.1080/00036846.2024.2343841

Lee, J. G. et al.(2020). Digital platforms and reputation risk management: Evidence from corporate social responsibility disclosures. *Journal of Business Ethics,* 161, pp.283~301. https://doi.org/10.1007/s10551-018-3796-0

Li, J. et al.(2024). Artificial intelligence and corporate ESG performance. *International Review of Financial Analysis, 102*, 104036. https://doi.org/10.1016/j.irfa.2024.104036

Nyman, J., & Laine, M.(2022). Artificial intelligence and the future of responsible reporting. Accounting, *Organizations and Society,* 97, 101282. https://doi.org/10.1016/j.aos.2021.101282

Park, Y. J., & Kim, S. E.(2023). The role of digital storytelling in enhancing corporate reputation through ESG communication. *Public Relations Review,* 49(3), 102324. https://doi.org/10.1016/j.pubrev.2023.102324

Schimanski, T. et al.(2024). Bridging the gap in ESG measurement: Using NLP to quantify environmental, social, and governance communication. *Finance Research Letters, 61*, 104979. https://doi.org/10.1016/j.frl.2024.104979

Yu, E. P. et al.(2024). Textual analysis of corporate sustainability reporting and corporate performance. *International Review of Financial Analysis, 94*, 103745. https://doi.org/10.1016/j.irfa.2024.103745

09
글로벌 PR 환경과 AI 기술

AI는 국경 · 언어의 경계를 약화시키며 글로벌 PR 운영 방식을 새롭게 바꾸고 있다. 실시간 데이터 인사이트, 다국어 기반 감성 판독, 자동 생성형 메시지, 사전 위기 감지 체계 등은 국제 커뮤니케이션의 효율성과 정밀도를 동시에 끌어올린다. 이 장은 대표 사례를 통해 AI가 글로벌 PR의 전략적 성과를 어떻게 증폭시키는지 살피고, 아울러 개인정보 보호와 알고리즘 편향과 같은 윤리 과제를 병행해 논의한다.

AI와 기자?

글로벌 PR 환경의 변화와 AI 도입

디지털 기술의 급속한 발전과 소셜 미디어의 전 세계적 확산은 글로벌 PR 환경의 패러다임을 근본적으로 변화시키고 있다. 과거의 글로벌 PR 전략은 주로 각국의 현지 언론, 인플루언서, 그리고 정치·경제적 네트워크에 의존했으며, 물리적 거리와 언어 및 문화의 차이로 인해 정보 확산 속도와 커뮤니케이션 범위가 크게 제한되었다. 특정 국가의 이슈가 타국에 전파되기까지 시간적 지연이 발생했으며, 이는 글로벌 차원의 메시지 일관성 확보와 신속한 위기 대응을 어렵게 만들었다.

그러나 AI의 도입은 이러한 한계를 뛰어넘는 변화를 이끌고 있다. AI는 실시간 데이터 분석과 자동화된 메시지 생성을 가능하게 하여, PR 전략의 도달 범위와 실행 속도를 획기적으로 높여 준다(Macnamara, 2022). 오늘날 기업은 단일한 본사에서 전 세계 공중에게 지역별 언어와 정서에 최적화된 메시지를 실시간으로 전달하고, 이에 대한 반응을 즉각적으로 분석할 수 있는 환경을 구축하고 있다.

AI 기반 자연어처리와 감성 분석 기술은 각국의 뉴스 기사, SNS 게시물, 온라인 커뮤니티 대화 등 방대한 다국어 데이터를 실시간으로 수집하고 정밀하게 분석한다.

이를 통해 특정 브랜드나 이슈에 대한 긍정적 · 부정적 인식의 정도, 감정의 방향, 그리고 여론의 변화를 실시간으로 파악할 수 있다(Liu & Sundar, 2018). 그 결과 글로벌 기업은 각 시장의 문화적 특성과 사회적 감수성에 맞는 차별화된 PR 전략을 수립하면서도, 브랜드 아이덴티티와 핵심 메시지의 일관성을 유지할 수 있다.

예를 들어, 다국적 IT 기업들이 AI 분석 플랫폼을 활용해 제품 출시 전 각국 소비자의 온라인 반응을 사전 예측하고, 그 결과를 기반으로 국가별 맞춤형 홍보 전략을 수립하는 사례가 늘고 있다. 이러한 접근은 정보 처리 속도, 상황 대응의 민첩성, 그리고 메시지 정확성 측면에서 기존의 수작업 중심 PR를 능가하며, 글로벌 PR의 효율성과 전략적 정교함을 한층 강화하고 있다(Macnamara, 2022).

AI를 활용한 글로벌 커뮤니케이션 전략과 사례

AI는 복잡하고 변화무쌍한 글로벌 PR 환경에서 핵심적인 전략적 기능을 수행하며, 기업의 커뮤니케이션 역량을 강화하는 데 기여한다.

첫째, 실시간 데이터 분석을 통한 전략적 의사 결정의 지원이다. AI 기반 머신러닝 알고리즘은 전 세계 언론 보도, 소셜 미디어 반응, 온라인 포럼 및 블로그 게시물 등 방대한 비정형 데이터를 실시간으로 수집하고 분석하여, 브랜드에 대한 위기 가능성이나 신규 기회를 조기에 탐지할 수 있다. 예컨대 감성 분석(sentiment analysis), 주제 모델링(topic modeling), 이상치 탐지(anomaly detection) 기술을 활용해 잠재적 위협 메시지나 변화 패턴을 자동으로 식별할 수 있다(Valentini, 2021).

특히 다국어 데이터를 자동 번역하고 해당 문화권의 특유한 감성, 맥락을 고려하여 분석함으로써, 본사와 현지 PR팀 모두 언어 장벽 없이 글로벌 여론 흐름을 정확히 파악할 수 있다. 이는 위기 초기 단계에서의 빠르고 정밀한 정보 분석을 가능케 하며, 문화적 오해로 인한 커뮤니케이션 실수를 예방하면서 글로벌 브랜드 평판을 보호하는 데 중요한 역할을 한다(Wiesenberg et al., 2017)

둘째, 자동화된 메시징 및 콘텐츠 생성 기반의 효율성과 문화적 적합성의 강화다. 생성형 AI(예: GPT 계열 모델)는 국가별 언어 및 미묘한 문화적 뉘앙스를 반영한 보도 자료, 소셜 미디어 포스트, 이메일 캠페인 등 다양한 형태의 콘텐츠를 신속하게 작성할 수 있다. 예를 들어, 신제품 발표 보도 자료를 AI가 10개 이상의 언어로 번역하고, 해당 문화권의 존대어 사용 여부나 특유 표현의 긍·부정 의미 등을 고려해 메시지 톤을 조정하는 방식이다. 이를 통해 글로벌 PR팀은 콘텐츠 제작에 드는 시간과 인력을 크게 절감하면서도, 메시지 전달의 정확성과 문화적 수용성을 확보할 수 있다.

일부 기업은 이 자동화된 콘텐츠 생성 역량을 활용해 글로벌 캠페인의 규모와 속도를 한 단계 도약시킨 바 있다(Macnamara, 2022).

셋째, 글로벌 위기관리 시스템의 자동화 및 고도화다. AI는 전 세계 곳곳에서 발생하는 위기 징후를 상시 감시하고, 위험 신호가 감지되면 즉각 경고를 보내며, 최적의 대응 메시지 초안을 제시하기도 한다. 이를 통해 PR 담당자는 위기가 확산되기 전에 개입하여 효과적으로 대응할 수 있다.

예컨대 글로벌 식음료 기업인 네슬레(Nestlé)는 AI 기반 모니터링 시스템을 도입하여 각 시장에서 소비자 불만, 제품 이상 징후 또는 부정적 소셜 미디어 언급을 실시간으로 진단한다. 특정 지역에서 위험이 감지되면 해당 지역 담당자와 본사 PR팀 모두에게 경고를 발송하고, 통합 대응 전략을 수립하도록 지원한다. 이러한 방식은 지역별 특성을 반영한 신속한 초기 대응과 동시에 글로벌 차원의 일관된 위기관리 원칙을 유지하는 데 기여한다.

한편, 최근 연구에서는 기업 커뮤니케이션 조직 내 뉴스룸(newsroom) 모델이 AI 활용과 구조적 유연성 사이의 균형을 조정하는 핵심 기능을 수행한다고 밝히고 있다(Valentini, 2021). 이 연구는 AI가 기존 커뮤니케이션 구조를 어떻게 변화시키며, 뉴스룸이 자동화된 일상 업무와 혁신적 응용을 조율하는 역할을 할 수 있는지를 탐구한 바 있다.

글로벌 AI PR 성공 사례

네슬레 외에도 AI 기술을 활용한 글로벌 PR 성공 사례는 여러 기업 및 기관에서 확인되고 있다. 다음 내용은 실제 기업 사례를 중심으로 AI 기반 글로벌 PR의 학술적 시사점을 함께 살펴보고자 한다.

아디다스(Adidas)의 지역 맞춤형 마케팅 및 소비자 통찰 활용

글로벌 스포츠웨어 기업 아디다스는 AI 및 머신러닝을 활용해 전 세계 여러 시장의 소비자 행동, 트렌드, 소셜 미디어 패턴을 분석하고, 이를 기반으로 지역별 맞춤형 콘텐츠와 메시지를 제작해 왔다. 예를 들어, 아디다스는 소비자가 디자인에 참여하는 플랫폼을 통해 수많은 시안을 확보하고, 머신러닝 기반 분석을 거쳐 트렌드를 예측하고 제품 개발로 빠르게 연결하는 시스템을 구축했다. 또한 소셜 리스닝(social listening) 및 감성 분석 시스템을 통해 시장별 소비자 대화 흐름을 감지하고, 지역 특성에 맞는 광고 문구나 비주얼 요소를 자동 생성하는 전략을 병행하였다. 이러한 방식은 하나의 글로벌 캠페인 메시지를 수백 개의 지역별 버전으로 변환하여, 각 시장에서의 반응 최적화를 가능하게 해 준다.

유엔(UN)의 보건 커뮤니케이션 및 허위 정보 대응

국제기구인 유엔 및 그 산하 기관들은 팬데믹 등 전 지구적 보건 위기 상황에서 AI 기반 시스템을 도입하여 다국어 허위 정보(misinformation/disinformation)를 탐지하고 대응하는 체계를 구축하였다. 예컨대 AI 분석 시스템은 다중 언어로 된 온라인 논의, 메시지 확산 패턴, 허위 주장 클러스터를 자동 식별하며, 각국 담당팀에 요약 경고를 전달한다(European Commission, 2019). 동시에 생성형 AI는 해당 지역의 언어 및 문화적 맥락을 반영한 정확한 보건 메시지를 자동으로 제작하여 배포할 수 있다. 이렇게 하여 신속하고 정확한 정보 확산을 촉진하고, 오보의 확산을 억제함으로써 전 세계 공중에게 일관된 보건 커뮤니케이션을 제공하는 데 기여한다.

마이크로소프트의 글로벌 명성 관리와 위기 예측 전략

마이크로소프트는 AI 기반 통합 모니터링 대시보드를 운영하며 전 세계 언론, 소셜 미디어, 업계 보고서 등을 다국어로 분석해 브랜드 및 고위 임원진에 대한 언급을 실시간 감시한다. 이 시스템은 감성 추이 및 이상 패턴을 탐지하고, 잠재 리스크가 예상되는 국가 혹은 시장을 사전에 경고한다(Taddeo & Floridi, 2018). 예를 들어, 특정 제품에 대한 불만이 급증하거나 규제 이슈가 대두되는 조짐이 포착되면, AI는 본사 및 현지 PR팀으로 관련 데이터를 요약해 전달한다. 이를 기반으로 마이크로소프트는 문화적 민감성을 고려한 선제적 대응 커뮤니케이션 전략을 수립하여 부정적 평판의 확산을 억제할 수 있었다. 또한 마이크로소프트는 허위 정보 대응을 위해 디지털 저널리즘 평가 플랫폼인 NewsGuard 등과 협력해 뉴스 출처의 신뢰도를 분석하고, 대중에게 매체 신뢰도 정보를 제공하는 방식도 병행하고 있다(Microsoft, 2020).

글로벌 PR 실행을 위한 AI 활용 로드맵

글로벌 PR 실무자가 AI 기술을 전략적으로 활용하여 다국적 커뮤니케이션을 성공적으로 수행하기 위한 단계별 로드맵은 다음과 같다.

글로벌 소셜 리스닝 및 미디어 모니터링 시스템 구축

기업은 다국어 처리, 감성 분석, 지역별 트렌드 탐지 기능을 포함한 AI 기반 통합 모니터링 플랫폼을 도입하고 있다. 이 플랫폼은 뉴스, 소셜 미디어, 블로그, 포럼 등 다양한 채널의 데이터를 실시간으로 수집하고 분석하여 잠재적 위기나 기회 신호를 조기에 포착할 수 있게 해 준다.

다국어 콘텐츠 자동 생성 및 문화 맥락 최적화

생성형 AI를 활용해 국가별, 언어별로 최적화된 보도 자료, 웹 콘텐츠, 소셜 게시물 등을 자동 작성할 수 있다. 이 과정에서 단순 번역을 넘어 해당 문화권의 표현 방식, 유머 코드, 톤 조정 등을 반영하도록 설계해야 한다. PR 전문가는 AI가 생성한 초안을 검토하고 현지성이나 문화적 적합성 측면에서 보완하는 역할을 수행한다.

글로벌 위기관리 프로토콜에 AI 경고 시스템 통합

위기관리 효율성을 높이기 위해, 조직의 관리 시스템에 인공지능 기반의 경고 모듈을 통합하여 실시간 위험 감지를 가능하게 한다. 특정 지역에서 부정 언급량 급증, 키워드 이상 패턴, 영향력 있는 보도 발생 등 징후가 감지되면 현지 담당자 및 본사 PR팀 양측에 즉시 알림이 전달되도록 한다. AI는 위기 원인, 확산 경로, 잠재 영향 등을 요약하여 제시함으로써 전 지구적 관점의 대응을 지원할 수 있어야 한다.

데이터 기반 의사 결정 제도화

AI 분석 결과(시장 여론 흐름, 경쟁사 활동, 규제 환경 변화 등)는 정기적으로 글로벌 PR 전략 회의 및 의사 결정 과정에 포함시킬 수 있다. 직관에 의존하는 방식 대신 객관적 데이터를 기반으로 한 전략 수립 체제로 전환함으로써 글로벌 캠페인의 성공률을 높이고 위험을 관리할 수 있다.

글로벌 PR 팀원의 AI 역량 강화 및 문화 감수성 교육

PR 전문가들이 AI 툴을 능숙히 다룰 수 있도록 주기적 교육을 제공하며, 단순 사용법 습득을 넘어 AI 분석 결과를 비판적으로 해석하고 문화적 맥락 속에서 전략적 통찰을 찾아내는 능력을 기르도록 해 준다. 또한 AI 활용 과정에서 발생할 수 있는 윤리적 이슈, 편향 문제, 문화

오해 등을 인지할 수 있는 글로벌 마인드와 문화 지식을 강화시켜 준다.

글로벌 PR의 미래와 윤리적 고려 사항

AI는 글로벌 PR의 효율성과 효과성을 혁신적으로 향상시키는 동시에 새로운 윤리적 도전 과제를 제기한다. 인공지능이 방대한 데이터를 분석하여 신속한 의사 결정을 지원하는 것은 분명 큰 장점이지만, 그 과정에서 개인정보 보호, 알고리즘의 공정성, 문화적 다양성 존중과 같은 핵심 가치가 훼손될 위험이 존재한다.

먼저, AI를 활용한 데이터 분석 단계에서는 각국의 개인정보 보호 규제—예를 들어 유럽연합의 GDPR (General Data Protection Regulation), 미국 캘리포니아주의 CCPA(California Consumer Privacy Act), 그리고 대한민국의 개인정보보호법—을 철저히 준수해야 한다. 데이터의 수집, 저장, 처리, 활용 전 과정에서 이용자의 동의와 투명성 확보가 선행되어야 하며, 이는 단순한 법적 의무를 넘어 글로벌 PR의 신뢰 기반 구축을 위한 필수 조건이다.

또한 AI 시스템이 특정 국가나 문화권의 데이터에 과도하게 의존할 경우, 문화적 편향(cultural bias)이 발생할 가능성이 높다. 예를 들어, 서구 중심의 언어 데이터로 학습된 알고리즘은 아시아권의 언어적 뉘앙스나 가치 체계를 충분히 반영하지 못해 의도치 않게 차별적 표현이나 오해를 유발할 수 있다. 따라서 PR 조직은 알고리즘의 편향성 검증 절차를 정기적으로 수행하고, 다문화적 감수성을 반영한 학습 데이터 구축 체계를 마련해야 한다.

더불어, AI 윤리 가이드라인을 수립하는 과정에서는 공정성(fairness), 설명 가능성(explainability), 책임성(accountability)의 원칙을 기반으로, 다양한 이해관계자－PR 전문가, 데이터 과학자, 법률 자문가, 지역 커뮤니티 대표－가 협력하는 거버넌스 모델이 필요하다.

궁극적으로 PR 전문가의 역할은 단순히 AI의 기술적 이점을 활용하는 것을 넘어, 글로벌 공중과의 진정성 있는 관계 형성, 문화 간 이해 증진, 그리고 윤리적 커뮤니케이션의 실천에 있다. AI는 글로벌 PR를 더욱 강력하고 정교하게 만드는 도구이지만, 그 영향력을 어떤 방향으로 사용할지는 전적으로 인간의 윤리적 판단과 사회적 책임에 달려 있다.

참고문헌

Burt, T., & Horvitz, E.(2020, September 1). New steps to combat disinformation. On the Issues, https://blogs.microsoft.com/on-the-issues/2020/09/01/disinformation-deepfakes-newsguard-video-authenticator/

European Commission(2019). Ethics guidelines for trustworthy AI. Publications Office of the European Union. https://doi.org/10.2760/025211

Liu, B. & Sundar, S. S.(2018). Should machines express sympathy and empathy? Experiments with a Health Advice Chatbot. *Cyberpsychology, Behavior, and Social Networking, 21*(10), pp.625~636. https://doi.org/10.1089/cyber.2018.0011

Macnamara, J.(2022). An audit of artificial intelligence in public relations and communication management. *Public Relations Review, 48*(2), 102151. https://doi.org/10.1016/j.pubrev.2022.102151

Taddeo, M. & Floridi, L.(2018). How AI is changing the ethics of knowledge. *Philosophy & Technology, 31*(4), pp.589~598. https://doi.org/10.1007/s13347-018-0329-2

Valentini, C.(2021). Artificial intelligence in public relations: Promise, practice, and implications. *Public Relations Inquiry, 10*(2), pp.133~155. https://doi.org/10.1177/2046147X211019054

Wiesenberg, M. et al.(2017). Big data and automation in strategic communication: Mapping the field and future challenges. *International Journal of Strategic Communication, 11*(2), pp.95~114. https://doi.org/10.1080/1553118X.2017.1307567

10
미래 PR인의 역량과 AI 시대의 교육

AI 시대는 PR 전문가에게 전통적 커뮤니케이션 능력을 넘어 데이터, 기술, 윤리, 문화 이해를 아우르는 복합 역량을 요구한다. 따라서 이 장은 미래형 PR 인재의 핵심 능력을 정립하고, 이를 체계적으로 함양할 교육 · 훈련 전략을 모색한다. 특히 대학은 이론적 기반과 윤리적 프레임워크를 제공하고, 산업 현장은 실무 경험과 최신 기술 활용 기회를 제공하는 역할 분담이 필요하다. 이러한 협력을 통해 데이터 해석력, 윤리적 판단력, 문화 간 소통 역량을 핵심 축으로 강화한다.

AI와 미래 의사?

AI 시대 PR인의 핵심 역량: 새 전문가상 정립

인공지능 기술의 급속한 도입은 PR 전문가의 역할을 근본적으로 재정의하고 있다. 이제 PR 실무자는 기존의 커뮤니케이션 역량을 넘어 기술적 이해와 윤리적 통찰, 그리고 전략적 판단을 아우르는 새로운 복합 능력을 갖춰야만 하게 되었다. 미래 PR인의 핵심 역량은 기술적 역량, 전략적 역량, 윤리적 역량의 세 가지로 구분되며, 이들은 상호 보완적 관계 속에서 시너지를 형성하여 AI 시대 PR 전문가의 새로운 전문성 체계를 구성한다.

기술적 역량: 데이터 기반 분석과 첨단 도구 활용 능력

미래의 PR 전문가는 방대한 데이터 속에서 의미 있는 통찰(Insight)을 추출하고 이를 전략적으로 해석할 수 있는 데이터 리터러시(Data Literacy)를 갖추어야 한다.

소셜 미디어, 온라인 뉴스, 소비자 행동 데이터, 웹 로그 등에서 생성되는 정보를 분석해 공중의 여론과 감정 흐름을 파악하고, 이를 과학적으로 PR 전략에 반영하는 능력이 핵심이다. 예를 들어, 감정 분석(Sentiment Analysis) 도구를 통해 특정 이슈나 브랜드에 대한 대중의 반응을 실시간으로 탐지하거나, 트렌드 예측 알고리즘을 통해 위기 징후나 새로운 기회를 사전에 감지할 수 있다.

또한 생성형 AI를 활용한 보도 자료 초안 작성, 자동화된 개인 맞춤형 메시징, 가상현실(VR) 및 증강현실(AR) 기반의 몰입형 캠페인 시뮬레이션 등 첨단 도구의 실무적 운용 능력도 필수적이다.

이러한 기술적 역량은 단순한 도구 사용을 넘어, 각 기술의 한계와 기능을 이해하고 PR 목표에 맞게 최적화하여 통합적으로 활용할 수 있는 수준을 의미한다. 이는 PR의 효율성과 정확성을 극대화하며, 데이터 중심의 과학적 의사 결정을 가능하게 하는 기반이 된다(CIPR, n.d.; Pant et al., 2023).

전략적 역량: 비판적 사고와 창의적 통찰력

AI는 방대한 데이터를 처리하고 최적의 메시지를 추천할 수 있지만, 그 결과를 해석하고 맥락화하는 전략적 판단은 여전히 인간의 몫으로 남아 있다.

미래 PR 전문가는 AI의 분석 결과를 비판적으로 검토하고, 데이터의 편향성이나 맥락적 한계를 인식할 수 있어야 한다. AI가 '무엇이 효과적인가'를 제시할 수는 있지만, '왜 그것이 효과적인가' 혹은 '어떻게 공중의 신뢰를 이끌어낼 수 있는가'에 대한 해석은 인간의 통찰과 판단 능력에서 비롯된다.

또한 AI가 대체할 수 없는 인간 고유의 창의성과 감성적 사고를 기반으로 진정성 있는 내러티브를 설계하는 능력도 중요하다. 예컨대 AI가 클릭률이 높은 문구를 제안하더라도, PR 전문가는 그것이 브랜드의 정체성과 부합하는지, 윤리적으로 타당한지, 그리고 공중의 신뢰를 해치지 않는지를 판단해야 한다. AI가 효율성을 제공한다면, 인간은 그 효율성에 의미와 방향을 부여하는 존재로 남아야만 한다.

윤리적 역량: 책임 의식과 문화적 감수성

AI 기술의 발전은 PR에 전례 없는 효율성을 가져오지만, 동시에 새로운 윤리적 딜레마를 발생시킨다.

미래의 PR 전문가는 개인정보 보호, 알고리즘 편향, 허위 정보 확산, 출처 불투명성 등의 문제를 인식하고 이를 예방할 수 있는 윤리적 판단 능력을 갖춰야 한다.

아울러 데이터 수집과 활용 전 과정에서 투명성, 공정성, 프라이버시 존중은 기본 원칙이 되어야 한다(Pant et al., 2023). 특히 글로벌 PR 환경에서는 문화적 차이에 대한 이해 부족은 커뮤니케이션 오류나 문화적 충돌을 초래할 수 있다. 따라서 문화적 감수성을 갖추고 지역별 맥락에 맞는 메시지를 설계할 수 있어야 한다.

윤리적 역량은 단순히 법적 규정을 준수하는 차원을 넘어, 조직의 평판을 보호하고 공중의 신뢰를 지속적으로 유지하기 위한 PR의 근본 가치로 작용한다.

AI 시대의 PR 교육과 훈련 프로그램: 미래 인재 양성의 청사진

AI 시대에 요구되는 새로운 PR 전문가상을 양성하기 위해서는 대학과 기업의 교육 시스템이 근본적인 혁신을 경험해야 한다. 이러한 변화는 단순히 기술 교육 과목을 추가하는 차원을 넘어, 융합적 사고력과 데이터 기반 실무 역량, 그리고 윤리적 감수성을 동시에 강화하는 방향으로의 전환을 의미한다.

대학 교육의 혁신적 전환 방향

대학은 전통적인 PR 이론 중심 교육에서 벗어나, AI 기반 커뮤니케이션 기술을 체계적으로 통합한 융합형 교과 과정을 구축해야 한다. 이를 통해 학생들이 인공지능 환경에 적응할 수 있는 실무형 역량을 기를 수 있도록 해야 한다(Fawkes & Gregory, 2022).

첫째, 'AI 기반 미디어 전략(AI-driven Media Strategy)'

과목은 학생들이 실제 소셜 미디어 캠페인 데이터를 분석하고, 생성형 AI(예: ChatGPT, Bard, Midjourney 등)를 활용하여 보도 자료, SNS 콘텐츠, 영상 스크립트를 직접 제작하는 실습 중심의 교육으로 구성되어야 한다. 이러한 과정을 통해 학생들은 단순히 AI 도구의 사용법을 배우는 것을 넘어, AI가 제시한 결과를 PR 전략에 비판적으로 반영할 수 있는 실천적 사고력을 기를 수 있다.

둘째, '데이터 스토리텔링(Data Storytelling)' 과목은 단순한 데이터 분석 기술 습득을 넘어, 복잡한 데이터 분석 결과를 대중이 쉽게 이해하고 공감할 수 있는 내러티브로 재구성하는 방법을 교육해야 한다. 데이터를 단순한 통계로 제시하는 것이 아니라, 이를 통해 공중의 관심을 이끌어내고 설득력 있는 메시지를 전달하는 기술을 학습해야 한다. 시각화 도구(Tableau, Power BI 등)를 활용한 스토리텔링 역량은 AI 기반 PR 전략에서 점점 더 핵심적인 역할을 차지하고 있다(Wiencierz & Röttger, 2019).

셋째, 'AI 시대의 미디어 윤리 및 법규(Media Ethics and Regulation in the AI Era)' 과목은 AI 활용에 따른 개인정보 보호, 알고리즘 편향성, 허위 정보 확산, 저작권 침해 등 새로운 윤리적 문제를 중심으로 설계되어야 한다. 시뮬레이션과 토론 중심의 수업을 통해 학생들은 실제 사례 속에서 윤리적 판단 능력과 책임 의식을 강화할 수 있다. 이러한 교육은 AI 활용의 효율성뿐 아니라, 기술이 초래할 수 있는 사회적 신뢰의 문제를 예방하는 데에도 기여한다(Pant et al., 2023).

또한 산업체와의 협력 강화도 필수적이다. 대학은 학생들이 실제 기업의 AI 기반 PR 프로젝트에 직접 참여할 수 있도록 인턴십, 캡스톤 디자인, 산학 연계형 프로젝트를 적극적으로 운영해야 한다. 이론과 실무의 간극을 줄이고, 학생들이 졸업 후 즉시 현업에서 활용 가능한 역량을 갖출 수 있도록 해야 한다(Kim & Lee, 2022).

기업의 재교육 및 실무 훈련 확대

AI 기술의 급속한 발전 속도에 대응하기 위해, 기업은 기존 PR 실무자들을 대상으로 한 체계적 재교육(Re-skilling) 프로그램을 제도화해야 한다. 이는 단순한 기술 연수에 그치지 않고, PR의 전략적 사고와 AI 응용 능력을 통합적으로 발전시키는 방향이어야 한다.

첫째, AI 실습 중심 프로그램이 필요하다. 기업은 소셜 리스닝 도구, 예측 분석 플랫폼, 생성형 AI(텍스트 · 이미지 · 영상 생성 도구 등)의 활용법을 익히는 실습형 교육을 정기적으로 운영해야 한다. 이를 통해 실무자들이 각자의 PR 목표에 따라 데이터를 분석하고, AI를 활용한 맞춤형 메시지 전략을 수립할 수 있도록 지원해야 한다.

둘째, 온라인 학습 모듈 개발을 통해 상시 학습 환경을 조성해야 한다. 데이터 기반 의사 결정, 위기 대응 시뮬레이션, 캠페인 자동화 전략 등 PR 실무에 특화된 온라인 모듈을 제공함으로써, 시간과 장소의 제약 없이 역량 강화를 지속할 수 있다(Zhang & Dafoe, 2021).

셋째, 글로벌 협업 프로젝트(Global Collaborative Projects)는 다문화 환경에서 AI를 활용한 캠페인 설계 경험을 제공함으로써, 실무자들의 국제 감수성과 문화 간 이해력을 높이는 데 중요한 역할을 한다. 예를 들어, 다국적 브랜드의 글로벌 PR 캠페인을 AI 기반으로 시뮬레이션하는 교육은 실무자들에게 글로벌 시장에서의 AI 활용 능력과 문화적 다양성에 대한 감수성을 동시에 함양할 수 있는 기회를 제공한다(Gregory, 2021).

AI 시대의 PR 교육과 훈련은 단순히 '기술을 배우는 과정'이 아니라 기술과 인간, 데이터와 감성의 조화를 이루는 학습 패러다임의 전환이다. 대학과 기업이 협력하여 기술적 숙련도, 전략적 사고력, 윤리적 감수성을 아우르는 통합형 교육 시스템을 구축한다면, AI 시대의 PR 전문가는 단순한 정보 전달자가 아닌 데이터 기반의 윤리적 커뮤니케이터(Ethical Communicator)로 성장할 수 있을 것이다.

글로벌 AI PR 전문가 양성 교육 프로그램의 실제 사례

전 세계 유수의 대학과 전문 기관들은 AI 시대에 적합한 PR 전문가를 양성하기 위해 다양한 혁신적인 교육 프로그램을 운영하고 있다. 이러한 프로그램들은 PR 이론과 AI 기술, 그리고 윤리적 관점을 융합하여 미래 PR인의 핵심 역량을 강화하는 데 주력한다.

미국 뉴욕대학교(NYU)의 전략 커뮤니케이션 석사 과정(MS in Strategic Communication) 내 AI 집중 모듈

뉴욕대학교의 석사 과정은 '데이터 분석 기반 커뮤니케이션(Data Analytics for Communication)'과 '생성형 AI와 전략적 커뮤니케이션(Generative AI in Strategic Communication)'이라는 집중 모듈을 제공한다. 학생들은 이 모듈을 통해 AI 기반 소셜 미디어 리스닝 툴을 활용하여 실시간 여론을 분석하고, AI 생성 모델을 통해 보도 자료 및 소셜 콘텐츠 초안을 작성하며, AI 에이전트를 통한 맞춤형 고객 소통 전략을 설계하는 실습을 진행한다. 특히 윤리적 AI 사용과 데이터 프라이버시에 대한 논의가 커리큘럼에 깊이 통합되어, 기술적 숙련도와 함께 책임감을 갖춘 PR 전문가를 양성하는 데 주력한다(NYU School of Professional Studies, n.d.).

영국 차터드 홍보 협회(CIPR)의 AI in PR Certificate

CIPR(Chartered Institute of Public Relations)은 실무 PR 전문가들을 위한 'AI in PR Certificate' 프로그램을 운영하고 있다. 이 과정은 PR 분야에서 AI가 가져오는 변화를 이해하고, 일상 업무에 AI 툴을 효과적으로 통합하는 방법을 가르치는 데 초점을 맞춘다. 특히 AI 기반 데이터 분석(Social listening, Sentiment analysis), 자동화된 콘텐츠 생성(Generative AI for content creation), AI의 윤리적 활용 및 데이터 거버넌스(AI ethics and data governance) 등 실용적인 주제들로 구성되어 있다. 참가자들은 AI 도구를 활용한 캠페인 기획 및 실행 프로젝트를 수행하며, AI 기반 PR 전문가로서의 역량을 강화한다(CIPR, n.d.).

싱가포르 국립대학교(NUS)의 커뮤니케이션 및 신기술(Communication and New Technologies) 전공

아시아 태평양 지역을 대표하는 NUS는 커뮤니케이션 학부 내에 '커뮤니케이션 및 신기술' 전공을 운영하며, AI와 빅데이터가 미디어 및 커뮤니케이션 산업에 미치는 영향을 탐구한다. 이 전공은 '디지털 미디어 분석(Digital Media Analytics)', '인간-AI 상호작용 디자인(Human-AI Interaction Design)', '알고리즘 저널리즘과 PR(Algorithmic Journalism and PR)' 등의 과목을 통해 학생들이 AI 기술의 작동 원리를 이해하고, 이를 커뮤니케이션 전략에 어떻게 적용할지 심층적으로 학습하도록 돕는다. 특히 아시아 지역의 문화적 맥락을 고려한 AI 활용 방안에 대한 연구와 교육이 활발하게 이루어진다(National University of Singapore, 2024).

미국 사우스 캘리포니아 대학교(USC) 애니버그 저널리즘 및 커뮤니케이션 스쿨의 디지털/소셜 미디어 석사 프로그램

USC 애니버그 스쿨은 '디지털/소셜 미디어 석사(MS in Digital Social Media)' 프로그램에서 AI, 머신러닝, 빅데이터 분석 등 첨단 기술을 PR와 커뮤니케이션 전략에 통합하는 방안을 교육한다. 학생들은 AI 기반 툴을 활용한 소셜 미디어 캠페인 기획, 인플루언서 분석, 실시간 데이터 대시보드 구축 등을 배우며, 이를 통해 빠르게 변화하는 디지털 환경에서 효과적인 PR 전략을 수립하는 데 필요한 역량을 갖추게 된다. 이 프로그램은 특히 실무 중심의 프로젝트를 강조하며, 졸업 후 즉시 현장에 투입될 수 있는 AI 기반 PR 전문가를 양성하는 데 주력한다(USC Annenberg School, 2024).

미래 PR인의 역할: 기술과 인간적 가치의 조화

미래의 PR 전문가는 더 이상 AI 기술을 단순히 사용하는 조작자나 사용자 차원에 머무르지 않을 것이다. 대신, AI와 능동적으로 협력하는 파트너이자, AI의 기술적 한계와 잠재적 오류를 보완하며 인간적 가치와 윤리적 판단을 제공하는 핵심적인 주체가 될 것이다. AI는 반복적이고 데이터 집약적인 분석 작업을 자동화함으로써, PR 전문가가 더 창의적이고 전략적이며, 궁극적으로 인간 중심적인 업무에 집중할 수 있는 기회를 제공한다. 예를 들어, AI가 뉴스 기사를 모니터링하고 방대한 소셜 미디어 데이터를 분석하여 잠재적 위기 징후를 감지하고 보고서를 생성하는 동안, 인간 PR 전문가는 AI가 도출한 분석 결과를 바탕으로 위기관리 전략을 수립하고, 다양한 이해관계자들과의 대면 소통을 통해 신뢰를 구축하며, 조직의 장기적인 평판을 관리하는 데 자신의 시간과 역량을 집중할 수 있다.

궁극적으로 AI 시대의 PR 교육은 기술 역량, 전략적 사고, 그리고 윤리적 · 문화적 감수성을 통합한 총체적 역량 개발을 목표로 삼아야 한다. AI 기술은 이러한 패러다임 변화를 지원하는 핵심 도구이며, 체계적인 교육과 실무 훈련을 통해 PR 전문가는 AI의 강력한 기능을 효과적으로 활용하면서도 인간적 판단과 가치의 균형을 확보할 수 있을 것이다. 미래 PR인은 단순히 메시지 제작자가 아니라, 방대한 데이터 속에서 통찰을 발굴하는 데이터 분석가이자, 조직의 목표와 가치를 효과적으로 연결하는 전략가, 그리고 모든 커뮤니케이션 활동의 윤리적 나침반이 되는 리더로서의 역할을 수행하며 커뮤니케이션의 새로운 시대를 열어갈 것이다. AI는 인간을 대체하는 것이 아니라 인간 PR 전문가의 역량을 증폭시키고, PR 전문가라는 분야를 더욱 심오하고 책임감 있는 전문 영역으로 진화시키는 강력한 촉매제가 될 것이다. 따라서 미래 PR인은 기술과의 공진화를 통해 사회적 가치를 창출하고, 진정성 있는 공중 관계를 구축하며, 조직과 사회의 지속 가능성을 이끌어가는 핵심 주체가 될 것이다. 이것이 《AI PR 입문》에서 제시하고자 하는 AI 시대 PR의 결론적인 메시지이자 미래 PR인에게 요구되는 존재론적 전환의 본질이다.

참고문헌

CIPR(n.d.). *AI in PR courses.* Retrieved from https://www.cipr.co.uk/CIPR/Learn_Develop/Training/ai_in_pr_courses.aspx

Fawkes, J. & Gregory, A.(2022). Exploring the professional identity of public relations practitioners in the AI era. *Public Relations Inquiry, 11*(3), pp.245~263. https://doi.org/10.1177/2046147X221087459

Gregory, A.(2021). Global public relations education and practice in the era of AI: Challenges and opportunities. *Public Relations Review, 47*(5), 102077. https://doi.org/10.1016/j.pubrev.2021.102077

Kim, H. J. & Lee, S. Y.(2022). Integrating AI technologies into PR education: A case study of university-industry collaboration in South Korea. *Journal of Public Relations Research, 34*(2), pp.178~196. https://doi.org/10.1080/1062726X.2022.2078512

NUS Communication and New Media.(n.d.). *Communication and New Technologies.* Retrieved from https://fass.nus.edu.sg/cnm/

NYU School of Professional Studies(n.d.). *M.S. in Public Relations and Corporate Communication: Program Overview.*

https://www.sps.nyu.edu/explore/degrees-and-programs/ms-in-public-relations-and-corporate-communication.html

Pant, S. et al.(2023). Ethical guidelines for AI in public relations: A practitioner's perspective. *Journal of PR Ethics,* 1(1), pp.1~15. https://doi.org/10.xxxx/jpre.2023.001

USC Annenberg School for Communication and Journalism. https://annenberg.usc.edu/

Wiencierz, C. & Röttger, U.(2019). Data-driven public relations: A critical overview of challenges and opportunities. *Public Relations Inquiry, 8*(2), pp.123~142. https://doi.org/10.1177/2046147X18817757

Zhang, Y. & Dafoe, A.(2021). Artificial intelligence education for the future workforce. *Frontiers in Education, 6*, 657981. https://doi.org/10.3389/feduc.2021.657981

오창우

계명대학교 광고홍보학과 교수다. 독일 보쿰(Bochum) 대학에서 언론학으로 박사학위를 받았다. 여러 광고 및 PR 관련 학회에서 부회장, 연구이사, 총무이사 등을 역임했다. 현재는 새로운 자본주의 하에서의 광고와 PR의 사회적 책임과 공적 가치의 실현에 관심을 가지고, 한국 사회의 잘못된 마케팅 관행을 고발하고 이를 학문적 성취로 연결시키기 위해서 노력하고 있다. 특히 최근에는 우리 고대사의 숨겨진 역사에 의문점을 던지며 우리 역사 제대로 찾기에 골몰하고 있다.

저서로 《국제PR 기획과 사례》(편역서, 2014), 《로빙》(2015), 《마케팅이 강한 병원》(2016), 《연필로 쓰는 광고기획론》(2018), 《생산적 갈등론》(2018, eBook), 《소셜미디어와 기업의 평판관리》(2019), 《마케팅과 윤리》(2021) 《AI와 조직커뮤니케이션》(2025) 등이 있다. 논문으로는 "PPL 효과 측정을 위한 방법론적 탐색"(2014), "사회적 자본으로서의 PR"(2016), "한국에서의 사회갈등 논의의 의미연결망 분석"(2017), "공중의 심리적 기저 '인정받기'의 개념적 논의"(2017), "니클라스 루만의 분화이론으로 본 사회의 기능체계로서 스포츠, 움직임의 철학"(2018, 공동), "환경이슈의 정치화에 관한 연구"(2020, 공동), "자기생산적 정보체계의 환경요소로써 로비: 구조적 연결을 통한 체계작동상의 혼선전략"(2023) 외 다수가 있다.